スプリントの鬼

五味宏生 著

マイナビ

世界のトップスプリンターの ニュースタンダード

前回し×脊柱の動き

3Dの走りで速くなる

その *Key Word* は

「骨盤 TILT《ティルト》」

TILT ……【他動詞】（水平から）傾ける、斜めにする　【名詞】傾き、傾斜

ランニングテクノロジーは日々、進化しています。シューズの進化により走りが変わり、新たな理論が生まれます。その最新の理論の一つが本書でも紹介する「骨盤ティルト」です。

一般的には、速く走るためのランニングフォームは、前傾姿勢で体幹を固め、下半身から得た力を上半身に伝えて推進力を生み出すと思われています。

しかし、実際は脚の入れ替えなどの動作のなかで背骨や骨盤は動いています。これを意図的に、そして適切なタイミングで行うことで、推進力を増幅させることができます。

まず、体幹を安定させ、足首のバネを使って地面を押すように接地し、両脚で挟み込むシザース動作で素早く脚を前に運ぶ「前回しの走り」をマスターしましょう。

さらに、背骨や骨盤の動きを加え、全身の動作を強調させることで、自然に動物的な動きで加速できるようになります。

フォーム修得の手順

修得の*Point* 1

前回しのフォームを身につける

・姿勢の維持
・足首のバネ
・シザース

↓

修得の*Point* 2

意図的な骨盤の動きを加える

・骨盤の左右の動き（脊柱の回旋）
・骨盤の前後の動き（脊柱の屈伸）

↓

3Dの走り

CONTENTS

Part 2

上体の前傾をキープして一気に速度を高める

CONTENTS

CONTENTS

CONTENTS

Part 4

Part 1

トップランナーに学ぶ
「前回し」で速く走る
ランニングフォーム
& メカニズム

「速く走る」＝「重心を速く移動する」ということ!!

前傾姿勢で脚を「前で回す」から重心が前に移動する

ランニングは、重心を進行方向に移動させることで、結果的に前に進む動作です。極端に言えば、「重心を前に倒す」、「地面を押す」という2つの動作のくり返しがランニング動作です。つまり、「足を自分の前方で回す」ことで「地面を押す」動作がしやすくなるのです。

よくある勘違いが、後方に地面を蹴ることで前進していると考えてしまうことです。後方に強く蹴ろうとすれば、脚が後方に大きく流れて、結果的に速く走ることはできません。

これは長距離ランナーも同じです。近年のシューズの進化により、長距離ランナーの走りもスプリンターに近づきました。「前回し」の走りと「後ろ回し」の走りでは、意識するポイントや体の使い方が大きく異なります。体の使い方が違えば、もちろん必要とされる筋肉も変わります。まず、正しいランニング技術を理解し、正しい体の使い方の感覚を身につけ、それに必要な筋力を高めていくことで、今よりも速い走りが実現します。

ランニングフォームとスプリントの 4局面

トップスプリンターの4つの局面

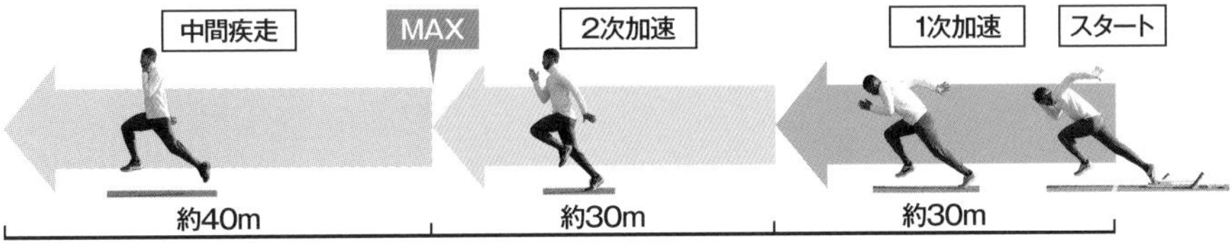
中間疾走
MAX
2次加速
1次加速
スタート
約40m
約30m
約30m

スプリント走は、「スタート」、「1次加速局面」、「2次加速局面」、「中間疾走局面」の4つの局面に分けて考えることができます。例えば100mでの「スタート」は、スターティングブロックを使ったクラウチングスタートです。

スタート直後から「1次加速局面」が始まり、トップスプリンターであれば約30m程度、上体が立ち上がるまで一気に加速します。

そこからは、ゆるやかにスピードが上がる「2次加速局面」になります。トップスプリンターであれば、60m地点あたりで最速になります。

最後にフィニッシュまでが「中間疾走局面」となり、できるだけスピードを維持する区間となり、上体は徐々に立ち上がります。最近の傾向として、中長距離走のフォームがスプリント動作とほぼ同じになってきています。

「地面を蹴る」、「ももを高く上げる」、「足首のスナップを使う」は非効率的。重心移動の妨げになるイメージは今すぐに払拭しよう!!

重心を速く移動させるためには、脚を素早く前に移動して体の前方で地面を押す必要があります。後方に蹴って脚が後ろに流れたり、ひざや足首の屈伸に頼って上に跳ねてしまったり、腰が反りすぎてのけ反って下に踏めなかったりすると大きな推進力は得られなくなります。

NG 脚が流れる

脚が後方まで流れていると戻すのに時間がかかり、前で回せない

NG 上に跳ねる

エネルギーが上に跳ぶことに使われ、大きな推進力を得られない

NG 腰が反る

上体がのけ反っていると重心が後ろになるため加速できなくなる

速く走れるようになる!!

正しい「前回し」の走りで

短距離走と同じになった!!

中長距離走のフォームも

最初に「前回し」のメカニズムを理解しよう!!

「前回し」に必要な3つの要素

脚を体の前で回すためには、姿勢、下方向に地面を押す力の大きさ、前後の脚を入れ替えるタイミングの３つの要素が必要になります。

体を前に進めるためには、接地の際に地面から受けた反力を推進力につなげる必要があります。地面から得たエネルギーを効率よく推進力につなげるには、前傾させた上体に力を伝達するための「姿勢」ができていなければいけません。

また、ランニング動作では、足を接地させると同時に、もう一方の脚を前に引きつけます。前脚で大きな力で地面を押しながら、後ろ脚をタイミングよく引きつけることで大きな推進力を得ることができます。接地した瞬間に、両脚を挟み込むように使うことで、地面を押す力がさらに強まります。

このように、脚を前で回して速く走るためには、接地と脚の入れ替えをタイミングよく行い、正しい姿勢でそのエネルギーを上体に伝えることがポイントになります。

姿勢

正しい姿勢を維持する

　ランニングの基本は重心移動のくり返しです。そのためには、前傾姿勢で重心を前に置き、そのアンバランスを支えるために足を前に踏み出す動作をくり返す必要があります。

　つまり、自分の体重から生まれる力を前傾した上体に伝えていく動作のため、背中が丸まったり、体幹が安定していなかったり、足首やひざをクッションのように使ってしまったりすると、地面から得た力のロスにつながります。正しい姿勢を身につけましょう。

上体の姿勢
シンアングル
← P.21参照
足首の角度
← P.22参照

出力

姿勢を維持する筋力を身につける

　出力と言うと「地面を強く蹴る」イメージを抱く人も多いかもしれませんが、地面を強く蹴ると、脚が後方に流れたり、体が上に跳ねたりするため、「前回しの走り」はできません。

　ここでの「出力」とは、地面からの反力を受けたときに、その衝撃に負けずに姿勢を維持するために発揮される筋力を意味します。つまり、最低限、自分の姿勢をコントロールするための筋力を身につける必要があります。

筋力を強化するためのトレーニング各種

← P.118～参照

タイミング

両脚で挟み込む（シザース）動作や腕振りのタイミングを身につける

　「前回し」のランニングフォームを修得するに当たって、もっとも難しいのが、接地に合わせて後方の脚（遊脚）を引きつけるタイミングです。足を接地させる感覚と併せて、ドリルを通じてタイミングの感覚を身につけましょう。

フィギュア4を修得するためのドリル各種

← P.82～参照

ミニハードルを使ったドリル各種

← P.87～参照

足を接地させるときの「すねの角度」に注目しよう!!

前に振り出した足で地面を軽く叩くように接地させる

ランニングでは、上体を前傾させた姿勢を保ちながら、前に踏み出した足で体を支えます。このくり返しが「走るという動作」です。しかし、足をつく位置が重心より前であれば、前に行こうとする体にブレーキをかける動きになってしまいます。

つまり、足を接地する位置は自分の体の真下もしくは後方になるということです。あまり後ろになり過ぎると、脚を振り出すタイミングが間に合わずにバランスを崩してしまいます。

前に振り上げた脚を下げるので、実際の足の軌道は少し後方に向きますが、感覚的には、振り上げた足で体の真下の地面をポンと押して地面で弾むイメージになります。

地面を押す力が強いほど、体をより速く前に運ぶことができます。また、速く走るためには、前後の脚をタイミングよく素早く入れ替える必要があります。体の前側に意識を置き、体幹の姿勢を崩さずに地面からの力を上に伝えましょう。

重心・接地位置・すねの角度(シンアングル)の関係

ランニングの基本は重心移動のくり返し。上体を前傾させて前に踏み出した足で体重を支えるのが基本です。つまり、足を接地させる位置が重心の真下もしくは後方にある必要があります。走る速度や加速速度が速いほど接地位置が後方になり、バランスを保つのが難しくなります。

中間疾走局面

中間疾走局面では重心の真下あたりの接地になる。感覚的にはひざから下を真下に下ろして地面を押しているが、体が移動しているので客観的には斜め後方に押している

スタート直後の加速局面

加速局面の接地位置は重心よりかなり後方になる。この位置のズレを利用して加速することができる。シンアングルは鋭角になり、ひざから下を後方の地面に突き刺すイメージで動かす

シザース動作では自分の体より前で脚を交差させる

接地したときに素早く前後の脚を入れ替えるには、両脚を挟み込むように使うイメージで動かします。これをハサミに例えて「シザース動作」と呼びます。

遊脚を素早く前に振り出して、両脚が交差する位置を体より前にすることで、脚は前で回ります。つまり、脚が接地したタイミングでは、遊脚のひざが支持脚より前にあるということになります。

つま先が上がった状態で接地することが大切!!

足首をバネにするイメージで地面でバウンドする感覚を持つ

足を接地するときは地面を真下に「強く押す」ように使うことが大切です。

このとき大切なのが、足首の角度を固定することです。足首を柔らかく使って接地すると、地面から得た反力を足首のクッションが吸収してしまいます。

この「足首の使い方の感覚」をつかむことが大切です。

接地で足首が固定されていることで、地面を真下に押す動作に足首のバネの力が加わり、地面から受ける反力を増幅することができます。しかし、接地の瞬間だけ力を発揮しようとすると、足首のスナップを使った動きになってしまいます。足が接地する前から足首を背屈させて固めておくことが大切です。

この足の使い方を実現するには、ひざ下（下腿部）の筋肉の強さとタイミングが必要になります。日常では、あまり起こり得ない体の使い方になるので、筋力を強化すると同時に、この体の使い方に慣れて頭で考えずにできるようにしておく必要があります。

アキレス腱のバネで反力を増幅するために「足首を固める」

足首をバネのように使うために必要なのは「足首の角度を固める」ことです。足首を固定するのは、腓腹筋やヒラメ筋などのふくらはぎの筋肉です。ふくらはぎの筋肉を緊張させることで、接地したときにアキレス腱が伸び、バネ効果を得ることができます。

接地の瞬間だけ足首を固めようとすると､地面を蹴る動きになってしまうので、接地前に足首の準備をしておきましょう。

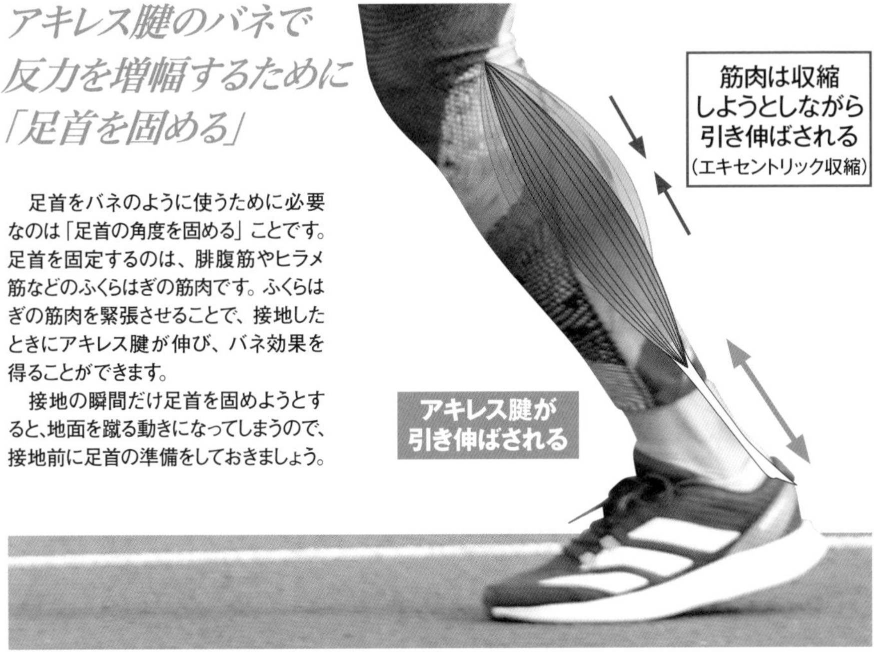
筋肉は収縮
しようとしながら
引き伸ばされる
(エキセントリック収縮)
アキレス腱が
引き伸ばされる

エキセントリック収縮を使って走る体の使い方を身につけよう!!

通常の筋力トレーニングのように筋肉に力を入れて収縮させてパワーを発揮させる（コンセントリック収縮）のと、エキセントリック収縮を動作にとり込むのでは体の使い方が異なります。

足首を固めてバネのように使うためには、前脛骨筋や腓骨筋などのすね側にある筋肉を使って、事前につま先を引き上げておく（背屈）必要があります。

つまり、ふくらはぎの筋肉を使うために、拮抗するすね側の筋肉を使うことになります。ドリルを通じて、体の使い方に慣れておくことが大切です。

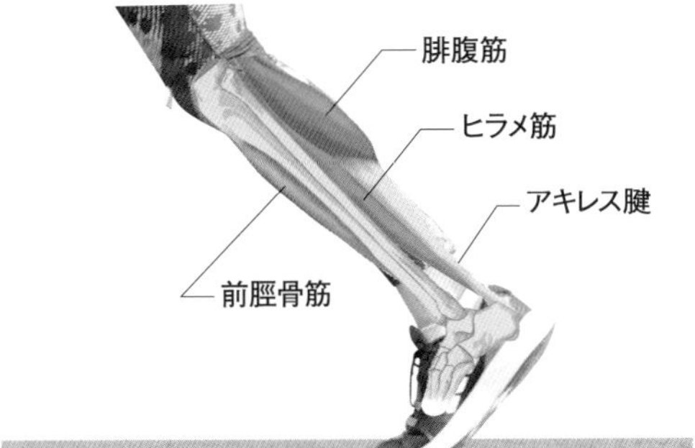
腓腹筋
ヒラメ筋
アキレス腱
前脛骨筋

●アンクルホップ ← P.77参照

つま先から接地できれば接地時間が短くなる！

足首を固定できれば結果的に「ベタ足～つま先」接地になる

足首のバネを使って地面に弾むことで、接地時間が短く地面に大きな力を加えることができるようになり、反発力を増幅できます。接地時間がもっとも短く、バネ効果を最大に使えるのは「つま先接地」です。接地時間は、つま先接地→フラット接地→かかと接地の順に長くなります。足首を固定して、正しい位置に接地すれば、自然と「つま先接地」か「フラット接地」になるはずです。

足首のバネは、ふくらはぎやすねの筋肉（下腿三頭筋）のエキセントリック収縮（23ページ参照）から生み出されます。つまり、この足の使い方ができれば自然に「つま先接地」もしくは「フラット接地」になるのです。

接地のときに「前足は素早く地面を叩く、後ろ脚は前に素早く振り戻す」これがランニングで求められている「シザース」です。シザースの動きには、太ももの前面と背面の筋肉が使われます。片脚の動きからはじめ、両脚の動きを練習しておくことが大切です。

接地と連動して、前後の脚をシザースさせる複合的な体の使い方を身につける

接地のタイミングに合わせて前後の脚をシザースさせることで、地面から受ける反力を増幅させることができます。

このとき、接地する脚は足首を固定するために下腿部前面の前脛骨筋、さらに脚を後方に振って地面を押すためにハムストリングや臀筋群などの背部の筋肉が動員されます。一方、前に振り出す脚は前面の腸腰筋や大腿四頭筋が動員されます。

これらの筋肉をタイミングよく動員させることが、ランニングの運動連鎖につながります。

足の入れ替え局面（シザース動作）で動員される筋肉

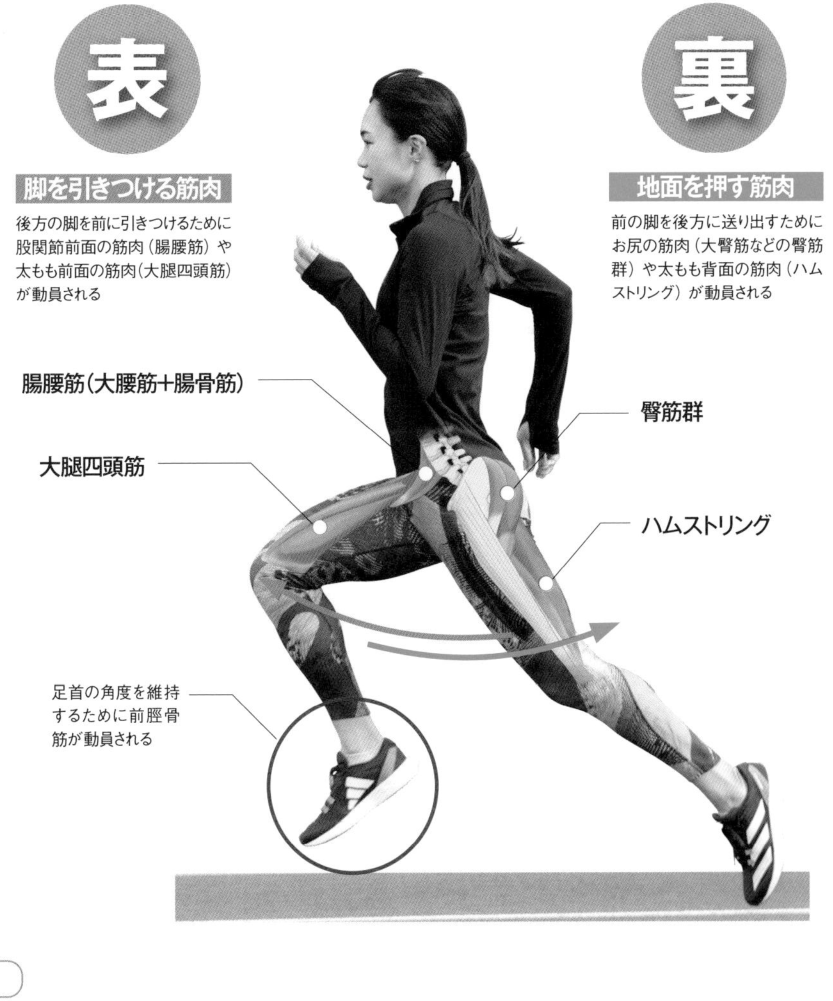
表
脚を引きつける筋肉
後方の脚を前に引きつけるために股関節前面の筋肉（腸腰筋）や太もも前面の筋肉（大腿四頭筋）が動員される
裏
地面を押す筋肉
前の脚を後方に送り出すためにお尻の筋肉（大臀筋などの臀筋群）や太もも背面の筋肉（ハムストリング）が動員される
腸腰筋（大腰筋+腸骨筋）
大腿四頭筋
臀筋群
ハムストリング
足首の角度を維持するために前脛骨筋が動員される

接地とシザースのタイミングを合わせれば脚は前で回る!!

接地時間と脚の入れ替えが速ければ“Figure《フィギュア》 4”ができる

接地のタイミングで遊脚を素早く前に運ぶことで、自動的に脚が「前回し」になり、走るスピードは速くなります。

このとき、後ろの脚を意識するのでなく、前後の脚を挟み込む動作（シザース動作）を意識しましょう。このシザース動作をタイミングよく素早く行うことで、接地した足（支持脚）で下に踏む力が増幅します。

支持脚が接地したときに、すでに遊脚が支持脚に追いついて「4の形（フィギュア4）」になっているのが理想です。遊脚が後方に残って「後ろ回し」の走りになっていると、脚の入れ替えに時間がかかって、フォームのなかで「フィギュア4」ができません。

ランニングスキルを見るときに、横から見た接地の姿勢が大きなポイントになります。運動会などで走っている一般ランナーのフォームを横から見たときに、接地のタイミングで遊脚が支持脚よりもかなり後方に残っている人で短距離走の速い人はいないはずです。

接地時にFigure 4（フィギュア4）ができていれば「前回し」で脚が動いている

タイミングよく「シザース」を行うためにはかなりの筋力が必要とされます。前後の脚を動かすための筋力だけでなく、上体をブレさせずに止めておくための筋力もつけておかなければなりません。地面で弾む感覚、接地のタイミングなどのスキルトレーニングと同時にシザースに必要とされる筋肉を強化しておくことが大切です。

NG

脚が後ろで回っていると接地の時に遊脚のひざが支持脚より後方になる

脚を引きつける筋肉（体の表側）

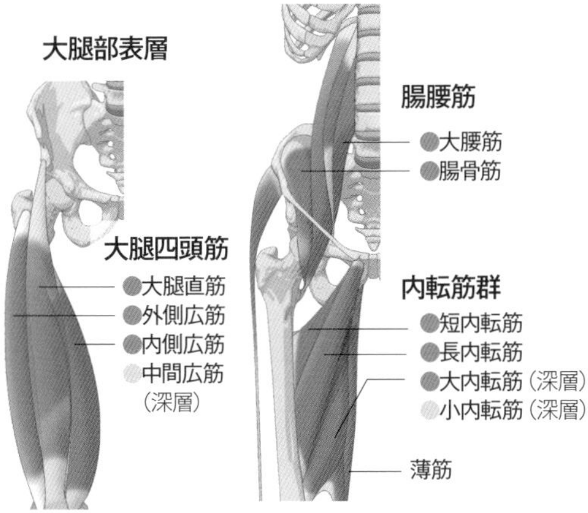
大腿部表層
大腿四頭筋
●大腿直筋
●外側広筋
●内側広筋
●中間広筋（深層）
腸腰筋
●大腰筋
●腸骨筋
内転筋群
●短内転筋
●長内転筋
●大内転筋（深層）
●小内転筋（深層）
薄筋

地面を押す筋肉（体の裏側）

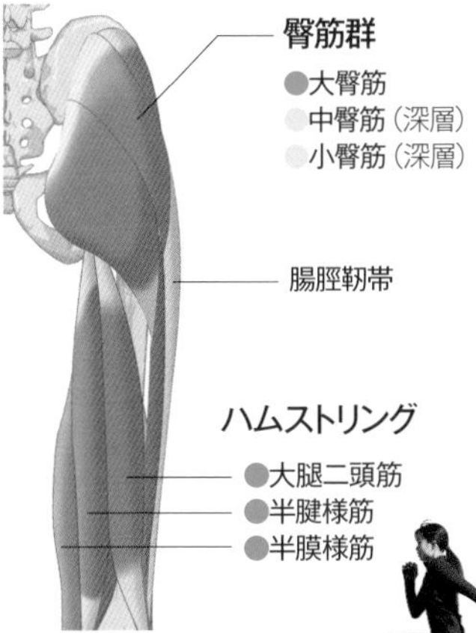
臀筋群
●大臀筋
●中臀筋（深層）
●小臀筋（深層）
腸脛靭帯
ハムストリング
●大腿二頭筋
●半腱様筋
●半膜様筋

筋力トレーニング各種

← P.117〜参照

脚の入れ替えドリルで素早いシザース動作を身につける!!

脚を入れ替える「シザース動作」、そのタイミングを身につけるために、脚の入れ替えにフォーカスしたドリルで、素早くシザース動作ができるようにしておきましょう。

フィギュア4を修得するためのドリル各種

← P.81〜参照

ミニハードルを使ったドリル各種

← P.87〜参照

動作を「3Dで考える」ことで走りがさらに進化する!?

陸上競技トップ選手の最新理論「骨盤ティルト」って何だ?

最近、3Dで走りを考えることがトレンドになってきています。これは、単に横から見た動きだけでなく、実際の動きは3Dであることに着目した新理論です。

このとき大切になるのが、正面から見たときの骨盤の左右の傾きで、アメリカではこれを「骨盤(ペルビック)ティルト」と呼んでいます。

最新理論では、遊脚側の骨盤を上げることで推進力が高まることがわかりました。トップスプリンターたちは、上体が左右に傾いてもかまわないので、骨盤をティルトさせるように指導されています。支持脚はまっすぐに保ったまま、骨盤から上を傾けることで、振り出す脚に骨盤の動きが加わります。

しかし、「支持脚を垂直に保ったまま骨盤だけを傾ける」というのが、一般ランナーには非常に難しく、かなりの筋力が必要とされます。

まずは遊脚側の骨盤が落ちないように「前回し」の走りができるようになってから挑戦するといいでしょう。

片脚立ちになって「骨盤ティルト」遊脚側の骨盤を引き上げてみよう

鏡を見ながら Let's TRY

まず最初に、片脚立ちで骨盤を水平に保って立てる能力が必要です。その場ではできていても、ランニングで接地の衝撃が加わったときに浮き足側の骨盤が落ちてしまう人もいます。骨盤が落ちなくても、支持脚側にお尻が逃げてしまうのも、中臀筋が弱いことで起こる代償動作です。まずはトレーニングで、自重を操作できる中臀筋の強さを身につけましょう。

遊脚側のわき腹をつぶすように骨盤を引き上げる

骨盤を水平に保って、ひざを高く上げる

NG 遊脚が落ちる

遊脚側の骨盤が下がったり、お尻が支持脚側に逃げてしまう人は中臀筋の強化が必要

支持脚の姿勢が乱れなければ、上体を傾けてもかまわない

「骨盤ティルト」を修得するためのドリル各種

← P.67〜参照

●わき腹や中臀筋のトレーニング各種

← P.117〜参照

背骨が伸展（骨盤が前傾）

背骨が屈曲（骨盤が後傾）

「前回し」の動作に脊柱の動きをシンクロさせる!!

背骨の屈伸運動を加えることでさらに走りが進化する

ランニングの基本として、脊柱を固定したなかで四肢を動かす基礎筋力を持ち合わせていることは必須です。それができたうえで、さらに速く走るために脊柱の動きを加えていきましょう。

脊柱の屈伸運動をランニングフォームに連動させることで、骨盤の前後の傾きを使って加速することができます。ここで問題となるのが、脊柱が屈伸するタイミングです。

トップスプリンターの走りを横から見ると、脚を引きつけるときに背骨が丸まり、接地してから自然に腰が反っているのがわかります。

「脚の引きつけ」と「背骨の屈曲」をペアに考えて走るといいでしょう。それとは逆に、脚を後方にスイングする動きでは、本当は反らせたくないが、脚が後方に行く勢いが強いので、結果として背骨が反った状態になると考えるのがよいと思います。基本的には腰を反らさずにお尻を丸めるイメージを持って走ると脊柱の動きを出しやすくなります。

屈曲と伸展のタイミングとそのメリットを理解しておこう！

接地の前後でタイミングよく脊柱を屈伸させることで、推進力を増幅することができます。脚を前に振り出し、接地後に乗り込む動作が加速され、ストライドも広がります。

接地後：脊柱の屈曲→伸展

接地した脚に乗り込むときに遊脚のタイミングに合わせて腰が反って加速する

シザース：脊柱の伸展→屈曲

接地前に脚のシザースを開始するときに背中が丸まることで後方の脚を素早く引きつけられる

姿勢を維持する能力をつけたうえで背骨の動きを加えていこう

体幹の姿勢をつくるためのトレーニングに「アームレッグクロスレイズ」があります。体幹の動きを止めることができない人はまず基礎筋力をつけるためにオーソドックスなアームレッグクロスレイズをできるようにすることが大切です。それができたうえで、さらに背骨の動きを加えた「骨盤ティルト」をやることが大切です。基本ができていないと、3Dの動きをしたときに力が逃げて逆効果になってしまいます。

アームレッグクロスレイズ

← P.128参照

アームレッグクロスレイズ（骨盤ティルト）

← P.129参照

学生ランナーなどで「腰が落ちてる」などと言われる人は、つねに腰が反っているため、背骨が反ったまま脚を引き寄せ、そこからさらに反らせて脚をスイングするような走りになっています。「地面を蹴る」イメージの人は、腰を反らせがちな傾向があります。これを続けていると腰椎分離症や椎間板ヘルニアなどの傷害にもつながるので、体幹の姿勢を保つために腹筋などの体幹の筋肉を強化することが大切です。

「腕振り」は体の背面の筋肉を使って行う!!

首を長く見せるイメージで肩甲骨を下げたまま腕を振る

「腕振り」では、首をすくめて腕を力強く振り上げるのでなく、わきを締めるようなイメージを持つことが大切です。

肩に力が入って肩甲骨が上がってしまうと、体の前面に意識がいって力みが生じます。

肩甲骨を下げた状態で腕を動かしたいので、よく「首を長く見せるように走れ」と言われているように、耳から肩までの距離を長く保ったまま腕を振ることが大切です。

広背筋を使って腕を引くことで、逆側の骨盤が上がります。また、わきを締めることが地面を強く踏み込むことにつながります。

日本人の場合、直線的に走るランナーがほとんどですが、海外のトップスプリンターは、上半身が左右にうねるような走りをしています。ただ腕を振っているのではなく、広背筋が発達しているから力が入って、わきが締まって骨盤が引き上げられることでうねりが生まれているのです。

広背筋を使ってわきを締め、肩甲骨を下げたまま腕を振る

「腕振り」は広背筋を使って、わきを締めるように腕を引くイメージで行うといいでしょう。体の前面の筋肉を意識すると肩に力が入って肩甲骨が上がってしまいます。その逆に肩甲骨が上がっていると、体の前面の筋肉に意識がいって力みを生じます。

肩に力が入ると肩甲骨が上がり、広背筋が使えずに体の前面の筋肉が動員される

肩甲骨、体幹、股関節の筋肉は連動して動くため、体幹が弱いと横振りになる

体の前面の筋肉に意識がいってしまうと、背中や骨盤まわりの筋肉がガチッと固まって直線的な走りしかできなくなってしまいます。背骨を垂直に保ったまま走るのでなく、うねりを出すために体にひねりが加わるドリルなどをするのもいいと思います。

日本のスプリンターも海外のトップスプリンターのようなダイナミックな動きができるようになるといいと思います。一見、体を左右に揺すっているようにも見えますが、広背筋を使って腕振りをした結果、そのように見えているだけなので、形だけ真似をしても意味がありません。

このような動きをするためには、トレーニングでもわきを締める意識を保つことが大切です。プッシュアップなどもわきを締めて行ったり、四つ這いで行うエクササイズで広背筋を使うことに慣れておきましょう。相撲の「鉄砲」の動きも同じですが、この方が大きい力を発揮できます。肩が上がることのメリットはあまりないとおぼえておきましょう。

走りでさらに速く走る!!

骨盤を使った3Dの

Column 1

ストライドを広げて
ピッチを高めるのが理想!!

スプリント技術を身につけ、できるだけ広いストライドで
「前回しの走り」ができるようにしていこう。

100mのタイムとストライドの目安

100mのタイム	ストライドの目安
10秒00	225cm前後
10秒50	215cm前後
11秒00	210cm前後
11秒50	205cm前後
12秒00	200cm前後

※日本人男性の平均身長170cmの場合の目安

ストライドに関係するのは一般的に身長や脚の長さで、これらが長くなるほどストライドは伸びる傾向にあります。ここで紹介している数値は日本人男性の平均身長170cmの場合のおおよそのストライドです。

ランニングのスピードは、ピッチとも関係しているのでストライドだけでは何とも言えませんが、マーカーを使用するトレーニングなどを行うときに、これらの数字が一つの目安になると思います。

本書で解説している「前回しの走り」の技術において、「フィギュア4（26ページ参照）」をつくるための「シザース動作」はおもにピッチを高める技術、「接地（20ページ参照）」や「骨盤ティルト（28ページ参照）」などの地面からの反力を高める動作がストライドに影響を及ぼす技術となります。

ランニングスピードを速くするためには、ピッチとストライドの両方を高めていく必要があります。

Part 2

上体の前傾をキープして
一気に速度を高める

スタート＆加速局面

なパワーを発揮する!!

前傾を保って爆発的

弾丸のように飛び出す!!

スタートは両脚を使って

効率よくスタートするための姿勢をつくろう!!

前重心のまま自重を支えられる腕の筋力がありますか?

スタートの方法は、腕の筋力や上体を押さえ込めるだけの筋力がどの程度あるかによって、できるスタートが変わります。また、胴の長さや腕の長さによっても、適したスタート方法は異なるため、理想の形は人それぞれです。

一般的には、お尻の位置を高くするほど、大きな位置エネルギーが得られる一方で、高すぎるとひざが伸び切って押し出す力が得られなくなるのも事実です。

また、左右の手の幅を狭めれば狭めるほど、お尻を高く上げられるようになりますが、そのぶん自重を支えるための筋力が必要になります。このとき、姿勢を維持するのに大切なのが「広背筋」です。つまり、肩甲骨が下がった状態でお尻を上げる必要があります。

お尻を上げたときに、腕が地面と垂直になる姿勢をつくります。しかし、筋力がないと重心を前に乗せられずに、飛び出す角度が大きい上に跳ぶようなスタートになってしまいます。自分でしっかり押し出せる位置をつかんでおきましょう。

体重を前で支えるための ポイントは腕の力と「広背筋」!!

スタート姿勢でも広背筋が重要な役割を果たします。お尻を上げたときに重心を前に置きたいので、腕の筋力で自重を支えますが、腕に力が入り過ぎて肩に力が入ると肩甲骨が上がり、結果的に重心が前に乗らなくなってしまいます。日ごろから十分な腕の筋力をつけておくことも大切です。

肩をすくめずに広背筋でわきを締め、肩甲骨を下げた姿勢

NG 腕や肩に力が入って肩甲骨が上がった姿勢

肩甲骨が上がっていると広背筋が使えなくなる。肩に力が入っているため、お尻を高く上げたときに腕が地面に垂直にならず、重心も前に乗らない

手の幅によるフォームの違い

左右の手の幅が狭い

左右の手の幅を肩幅より少し広い程度にかまえる

手の幅を狭くとることで腰を高い位置まで上げられるのがメリット

左右の手の幅が広い

左右の手の幅を広くとるとかまえやすくなる

手の幅を広げたぶん腰を高く上げられなくなる

スタート直後のアンバランスをつくるための足の位置

アンバランスをつくるために バランスをギリギリ保った姿勢

足の前後のスタンス幅は諸説あります。そもそもスタート姿勢は、スタート直後に体が前に倒れこむ「アンバランス」をつくることを目的とした、ギリギリのバランスを保った姿勢です。

陸上大国でもあるアメリカの指導者のなかには「両足でスターティングブロックを押せ」などと指導する方もいますが、それを実現するためには、前後の足の位置を近づけないと両足で押せません。

胴の長さなど個人差による部分もあるので答えは筋力と骨格で決まりますが、もっとも大きなエネルギーを生み出せるという点から理想とされるのは、前足をスタートライン近くにセットして、お尻を高く上げる「バンチスタート」です。

日本人は「後ろ足で押す」か「前足で押す」かの意識が強すぎるので、スタートの前後の足を入れ替えただけでいいスタートが切れなくなってしまう人が多く見られます。しかし、トップランナーに近づくほど両足で蹴れるようになるのも

両足スタートか片足スタートかで前後の足幅を調整しよう!!

止まったところからスターティングブロックを押すときに、どちらか一方の足で押すよりも両足で押した方が大きなエネルギーを生み出すことができます。

このとき、前後の足の位置が近いほど、両足で押し出しやすくなります。それとは逆に、両足で踏み出せない場合は、前後の足幅を広くとった方が踏み出しやすくなります。

ただし、前後の幅を狭くするには、最初の姿勢を維持するための筋力と両足で押す感覚が必要とされます。

● 前後の足が近いフォーム

お尻が高く上がるぶん位置エネルギーも大きくなる。その一方で、お尻を上げた姿勢を維持する筋力が必要。両足で正しく押し出せないとエネルギーをロスするので技術が必要になる

● 前後の足が離れたフォーム

前後の幅を広げることで姿勢が楽になるぶんバランスをとりやすいため初心者に適したフォーム。スタート後のアンバランスをつくりにくく、強く蹴ろうとすると、上に蹴ってしまいやすい

事実です。

両足で押す意識ができていることを前提として、結果的にバンチスタートに近づけていけるのはレベルが高くなった選手たちということになります。

初心者は後ろ足の意識が強い人が多いようです。おそらく、その方が押しやすいからだと思います。

筋力が足りないうちは、押しやすい角度をつくった足でしか押せないので、どうしてもどちらか一方の足に依存したスタートになってしまうのは仕方ありません。

四つ這いで行うトレーニングなどを通じて、両足の意識ができてくれば徐々に両足で蹴れるようになるでしょう。スレッド走やトーイングなどの負荷をかけた走りのトレーニングを通じて、どちらの足でも同じ感覚で押せるように鍛錬しておくのも効果的です。

全力でブロックを蹴って飛び出すから股関節が伸び切る!!

鋭角でフルパワーの発射から最大の推進力が生まれる

スタートの発射姿勢は、走り方によって人それぞれです。ポイントになるのは、スターティングブロックを押し出した脚のつけ根が伸び切っているかどうかです。

さまざまなトップランナーのスタートで共通しているのは、後ろ脚のつけ根が伸び切っているということです。姿勢は違えど発射角度が鋭角で、飛び出た瞬間に前脚のひざが前方にあり、後ろ脚のつけ根が伸び切っています。とはいえ、飛び出した瞬間に後ろ脚を前に引きつけるので、伸び切っているのはほんの一瞬です。しかし、爆発的なパワーを発揮してスターティングブロックを蹴っていれば、一瞬でも股関節が伸び切るのは必至です。

発射角度に関しては、鋭角に低く飛び出せといっても、背筋やハムストリングの筋力がないとできません。

一般男性であれば、40～50キロの負荷のベントオーバーロウで姿勢が乱れるようなら、スタートで鋭角な発射角度はつくれません。背筋やハムストリングなど、体の背面の筋肉を強化しておきましょう。

鋭角な発射角度で フルパワーを発揮すれば 一瞬、股関節が伸び切る!!

世界のトップスプリンターを見ると、誰もが鋭角な発射角度でスタートしています。また、フルパワーでスターティングブロックを蹴って飛び出すため、後ろ脚のつけ根が伸び切った状態になります。すぐに前に引き寄せるため、ほんの一瞬ですが、しっかりブロックを蹴っていれば、かならずこの形ができているはずです。

世界のトップスプリンターのスタート姿勢と発射角度

NG 上方向に跳ねる

後ろの脚に依存したり、体重が腕に乗せ切れていないスタートだと上方向に飛び出すスタートになりやすい

NG 股関節が伸び切らない

フルパワーでブロックを押し切れていないと股関節が伸び切る瞬間がなくなる

背部のトレーニング

スタート姿勢から全力でブロックを蹴って鋭角に飛び出すためには、体の背面の筋肉が必要です。臀部やハムストリング、背筋などの筋力がないと姿勢が保てなくなります。日ごろから意識して背部の筋肉を鍛えておくことが大切です。

ベントオーバーロウ

← P.121参照

ノルディックハムストリング

← P.141参照

スタートのポイントは姿勢と地面を押す力!!

「アンバランス×前に押す力」で加速度をMAXにする

スタートから生み出されるエネルギーは、「体が前に崩れようとする力」と「自分で地面を押して進む力」の2つから生み出されます。

つまり、頭を下げたスタートをする人は「崩れる力を使いたい」、頭の位置が整っている人は「脚で押す力を使ってスタートしたい」という理由でその姿勢になっているのです。

一般的に、陸上競技では頭の位置が悪いと、加速した後のトップスピードに影響してきます。途中からランニングフォームを変えるのは難しいので、個人的には最初から頭の位置が正しいところに収まっているフォームで走るのがいいと考えています。

筋力トレーニングでも頭の位置を意識して行うことが、ランニングにも大きく影響します。

先天的に首が長くて前に出ているランナーは非常に苦労することでしょう。筋力トレーニングのときから頭の位置に意識を置いて行うことが大切です。

頭を正しい位置にキープすることでスムーズに2次加速局面につなげることができる

スタートでは重心のアンバランスの状態をつくりますが、大きく姿勢を崩してしまうと、その後の２次加速局面での走りにつながりません。さまざまな走法がありますが、できるだけ上体の姿勢を崩さずに、頭を正しい位置に収めておくといいでしょう。

最初の10mくらいは頭を下げた方が早いかも知れませんが、最後まで首が前に出た姿勢のままだと2次加速にうまくつながりません。トップランナーでも、初速だけの選手では世界で戦うには限界があるでしょう。頭が正しい位置にくるフォームを身につけましょう。

加速局面のランニングフォーム

← P.50参照

NG 頭が下がったスタート

下を向き過ぎていると上体の姿勢を戻せず２次加速局面で加速できなくなる

中間疾走局面 vs 加速局面　姿勢の違い

厳しい姿勢を維持することで加速度を高めていく！

加速局面では前傾をキープして正しい方向に力強く踏み込む

止まった状態から最大の加速を生み出すには大きなエネルギーが必要です。そこで、ポイントとなるのが、アンバランスをつくり出す「前傾姿勢」、そして、「地面を踏む力と向き」です。

加速するためには、地面からの反力を効率よく推進力につなげる必要があります。そのポイントとなるのは、前傾しても崩れない体幹の安定です。

それと同時に、踏み出した足で地面を押す力が大きいほど、大きな推進力を得ることができます。スピードに乗った中間疾走局面よりも、強く踏み込む必要があります。ひざから下を地面に突き刺すイメージで接地するといいでしょう。

最後に、地面を踏み込む方向です。加速局面では、シンアングル（すねの傾き）と上体をほぼ平行に保つことで、体が起き上がらずに前傾姿勢を保てるとされています。

しかし、この姿勢と体の使い方を維持するのは非常に困難です。実現するために必要な筋力をつけていきましょう。

前後の脚を素早くシザースさせて できるだけ前傾姿勢を長くキープする!!

加速局面では、できるだけ前傾姿勢を維持することが大切です。しかし、体は起きあがろうとしているので、前傾姿勢を維持するためには片脚立ちになったときの体幹や股関節まわりの筋力が必要です。体が起き上がってしまうと、2次加速局面になり、徐々に加速度が低くなります。前傾姿勢をどれだけ長く維持できるかで加速局面の長さが決まります。

ドリルやトレーニングで 筋力を高めておくことが大切

加速局面では、骨盤と肋骨の位置関係を崩さずに体幹を維持することが大切です。加速姿勢を保つためには、「意識」ではなく「筋力」が占める要素が大きくなります。体を丸めようとする意識なども必要とされますが、それよりも絶対的な筋力が必要とされるので、日ごろから地道に鍛えておく必要があります。

片脚で行うアンクルホップ各種

← P.76参照

片足で接地したときにブレない体幹と足首の使い方を身につける

中臀筋や体幹部のトレーニング各種

← P.116~参照

姿勢を維持できない人は中臀筋や体幹（おもに体側部）の筋力を強化しておきたい

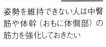

中間疾走局面の姿勢

加速局面の姿勢

前脚の引きつけを意識すれば後ろのひざは伸び切らない

加速局面では脚を回すのでなく地面に「突き刺す」ように使う

加速局面において、より効率よく推進力を得るために、最初の5歩までは前脚を引きつけ、素早く地面に突き刺すように使います。その結果、後ろ脚はひざが伸び切る手前で前に引きつけられます。

スタート直後にひざが伸び切ってしまうと、地面を押して得たエネルギーが上方向に逃げ、推進力が得られなくなってしまいます。また、地面を後方まで蹴ることでひざが伸び切ってしまうと、ピッチも出せず真下に踏み込めなくなってストライドも出なくなります。

見た目としては後ろ脚のひざが伸び切らないことがポイントになりますが、自分で意識すべきは「素早い前脚の引きつけ動作」です。前脚を素早く引きつける意識を持つことで、自然に後ろ脚も伸び切らずに素早く前に戻せるようになります。

正しい感覚をつかむと同時に、必要とされる筋力をつけることで、一気に加速できるフォームを身につけることができます。

脚を回すのでなく左右交互にピストンさせるイメージ

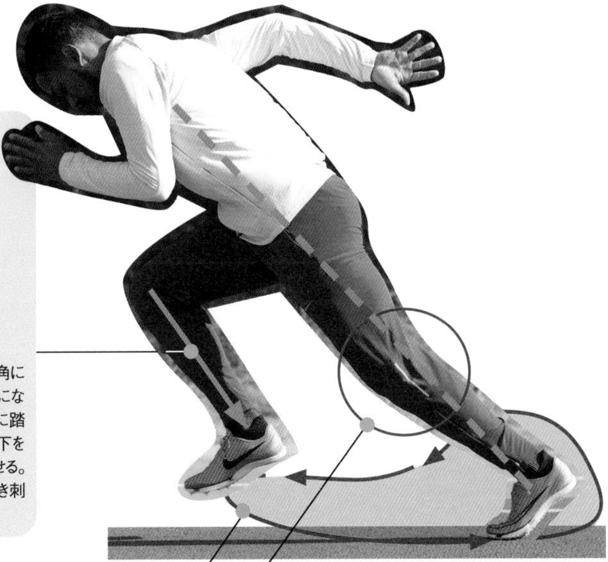

鋭角なシンアングル

すねの方向が体とほぼ平行になっていないと体が起き上がってしまう。シンアングルが極端な「ハの字」や「逆ハの字」になると加速できなくなる

接地の強さと方向

中間疾走に比べてシンアングルが鋭角になったぶん、踏み込むアングルも鋭角になる。前傾が深くなっているので、真下に踏み込む感覚でかまわないが、すねから下を地面に突き刺すイメージで強く接地させる。両脚を交互にピストンさせて地面に突き刺すイメージを持つことが大切

足の軌道

足のくるぶしが通る軌道は足を高く上げずにすねの高さで回転させるイメージ

後ろ脚のひざ

スタートでスターティングブロックを蹴り出すときはひざが一瞬伸び切るが、ランニング動作に入ってからは、ひざが伸び切る手前で前に戻すことが大切。ひざが伸び切ってしまうと脚が後方に流れてバランスを保てずに体が起き上がってしまう

前傾を保ち、接地の強さを身につけるドリル&トレーニング

ウォールドリル各種

加速局面の姿勢と接地の強さを身につけられる

← P.110～参照

バウンディング・ホッピング

← P.72～参照

接地時に地面を強く押す感覚を身につけられる

スプリンターの筋力トレーニング

初心者スプリンターのトレーニングメニュー例

初心者スプリンターの場合、体幹を固める能力が不十分なことが多いため、体動かしてもブレない体幹をつくることが先決です。まずは、骨盤ティルトなどは考えずに「前回しの走り」に必要なトレーニングを行いましょう。

体幹トレーニング 3種目

前面から 1種目

- プレートプッシュ(上段) ← P.117参照
- プレートローテーション ← P.118参照
- 腹筋プレートローテーション ← P.125参照
- 腹筋プレートリフト ← P.126参照

側面から 1種目 ＋

- プレートプッシュ(下段) ← P.117参照
- プレートローテーション(横) ← P.119参照
- 腹筋プレートプッシュ ← P.124参照

背面から 1種目 ＋

- ローマンチェア ← P.120参照
- ベントオーバーロウ ← P.121参照
- ベントオーバーロウ(片手) ← P.122参照

＋

四肢との連動トレーニング 1種目

- アームレッグクロスレイズ ← P.128参照
- 脚の引き寄せ ← P.130参照
- ヒップリフトレッグレイズ ← P.131参照
- スプリットスクワット ← P.133参照
- ボックスステップアップジャンプ ← P.137参照
- リアアップランジジャンプ ← P.137参照

＋

姿勢維持のトレーニング 1種目

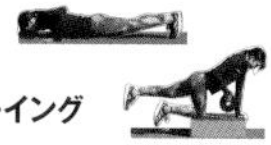

- プッシュアップ ← P.138参照
- シングルレッグ・ローイング ← P.140参照

エリートスプリンターのトレーニングメニュー例

「前回しの走り」ができているエリートスプリンターのトレーニングでも、初心者トレーニングと同じ体幹トレーニング種目を高負荷にして行います。

さらに、背骨の動きを出すために体幹をひねる動作や骨盤の動きを加えたトレーニングをやっておくことが大切です。

体幹トレーニング 3種目

上記の3種目の負荷を高めて行う

＋

体幹のひねりを使うトレーニング

- スーパーマン腹筋 ← P.123参照
- 1レッグ　プレートローテーション ← P.127参照

＋

四肢との連動トレーニング

- アームレッグクロスレイズ(骨盤ティルト) ← P.129参照
- ヒップリフトレッグレイズ(空中で入れ替え) ← P.132参照
- スプリットツイストスクワット ← P.133参照
- スパイナルムーブ ← P.135参照
- スパイナルムーブウォーク ← P.135参照

＋

姿勢維持のトレーニング 1種目

- わきを締めた／開脚プッシュアップ ← P.139参照
- ノルディックハムストリング ← P.141参照

Part 3

正しいフォームを身につけ、
今より速く走るための
ランニングドリル&トレーニング

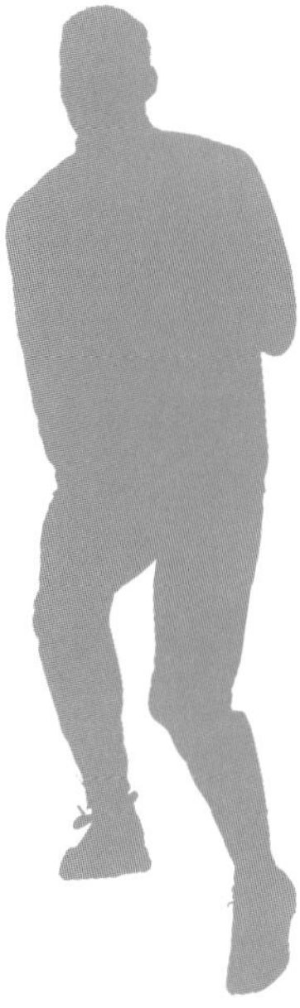

トレーニングの動きのなかで姿勢と感覚を身につけよう!!

まず「前回し」のフォームを身につけ、骨盤の動きを加えていこう。

「前回しの走り」を修得するためのドリル

← P.57

骨盤ティルトを修得するためのドリル

← P.66

足首のバネを修得するためのドリル

← P.76

フィギュア4を修得するためのドリル

← P.80

用具を使って行うトレーニング

ミニハードルを使った技術修得トレーニング

← P.86

ハードルを使った技術修得トレーニング

← P.92

ラダーを使った技術修得トレーニング

← P.100

加速局面の技術修得トレーニング

← P.108

「前回し の走り」を修得するためのドリル

ここでは、「前回し」の軌道をつくることをメインの目的としたドリルを紹介していきます。

「前回し」の走りをするためには、後ろ脚を素早く前に持ってくる必要があります。

片脚だけを前に持ってくる意識だけでは「前回し」の軌道で走ることはできません。片側を前で回すためには、後方の脚を素早く前に持ってくる必要があります。つまり、両脚は互いに挟み込むシザースの関係にあります。この「前脚と後脚の関係」をつくることが大切です。

つまり、片方の脚を正しく操ることができるか、次に片方の脚を回しながら後ろ脚が前にすぐ出てくるかなど、前脚と後ろ脚の関係が重要なポイントになります。

まず前脚の軌道をつくるために必要な筋肉を使った体の動かし方を身につけ、次にその軌道をつくるための前後の脚の素早い入れ替え動作を身につけていきましょう。

脚を前で回すために素早くひざを高い位置に引きつける能力を身につけるためのドリルです。「後ろ回し」の走りでは、ひざが高い位置に来ることはありません。もも上げの位置にひざを上げ、1回弾んでから着地の瞬間に素早く前後の脚を入れ替えます。直線的に素早く脚を運ぶ意識で練習しましょう。

動画でCHECK!

URL https://www.youtube.com/shorts/Q84GPFI8PTU

片脚を上げた姿勢で一回弾む
脚を直線的に素早く動かす
着地の反動を利用して前後の脚を入れ替える

Aスキップよりも脚を回す要素が入って来るのがBスキップです。Aスキップでは、上げた脚を下に落としながら脚の入れ替えを行いましたが、Bスキップでは前への脚の振り出しが強調されます。前脚を高く上げたところから、ひざを前で回すように走るため、よりランニング動作に近い動きになります。

動画でCHECK!

URL https://www.youtube.com/shorts/yRolMc3Xf_o

振り上げた脚を前で回すように使う
Aスキップ同様、直線的に素早く脚を高い位置に運ぶ

●Aスキップ

左右差がないように練習しておくことが大切
もも上げの位置までひざを高く上げる
連続して逆脚でも同じことを行う

●Bスキップ

逆の脚でも同じことを行う
着地後は2歩助走をつける

もも上げの姿勢から空中で前後の脚を入れ替え、支持脚が自分の上体より少し後方になるように接地させます。地面からの反発力が前方向に加わるため、自然にもも上げの姿勢がつくれるようになります。接地位置が前になり過ぎているランナーの矯正としてもよく使われているドリルです。

動画でCHECK!

URL https://www.youtube.com/shorts/qvGwtS6Cz1g

もも上げの姿勢からスタートする
反動をつけて空中で脚を入れ替える
自分の体より後方に足を接地させる

連続してリズムよく「ターンオーバー（上記参照）」を行うドリルです。ターンオーバーのように意図的に後方に接地するのでなく、前後の脚の挟み込み（シザース動作）を意識して、リズムよく2拍子で前に進むイメージで行いましょう。

動画でCHECK!

URL https://www.youtube.com/shorts/DG_lFeLgCkA

●ターンオーバー

重心より後ろに接地すれば推進力が高まる

空中で脚を入れ替えた後に、支持脚が自分の体よりも後方になるように接地させる。重心より後方に足を接地させることで、地面からの反発力が前方向に加わり、推進力につながる。

●ギャロップ

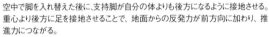

「前回し」にするために前で脚を入れ替えるための練習です。ひざを曲げずに脚を伸ばしたまま行うことで、体の前方で脚が交差することを意識しやすくなります。、腹筋や背筋が弱いと体が後方にのけ反ったり、足首の角度が悪いとうまくはずめなかったりするので、これらのチェックにも有効なドリルです。

動画でCHECK!
URL https://www.youtube.com/watch?vvvvvvvvvvv

体より前方で
前後の脚を交
差させる
交差ポイント
ひざを伸ばした
まま地面で弾
むように走る

ストレートレッグの意識を持ちながらもひざを少し緩めて、普段よりも少しひざを伸ばし気味に回すことで「前回し」の感覚を身につけるためのドリルです。くるぶしできれいに円を描くように回すイメージを持つといいでしょう。

動画でCHECK!
URL https://www.youtube.com/watch?vvvvvvvvvvv

くるぶしの軌道で
円を描くイメージで
脚を大きく回す

●ストレートレッグ

上体がのけ反らないように垂直を保つことが大切
足首を背屈させて接地することで弾むことができる

●片脚のサイクル

片脚はひざを伸ばし、もう一方の脚はひざを曲げて回転させるドリル。接地後はストレートレッグで２歩進み、次に前とは逆脚のひざを曲げて回転させます。片脚はひざを伸ばして動かし、もう一方の脚はひざを曲げて動かすため、マルチタスクが要求される高難度のドリルです。

動画でCHECK!

URL https://www.youtube.com/shorts/M2KrlymyL5U

ストレートレッグの接地後にひざを曲げて高く上げる
折りたたんだひざを伸ばし、ストレートレッグで接地させる

ひざを折りたたんで高い位置に上げたところから、脚を前に蹴り出すように大きく回し、接地した足で地面で一度弾んでから逆脚でも同じことを行います。前方に蹴り出すことで最大限に前回しのサイクルだけを意識させるための、片脚の回転だけを強調したドリルです。

動画でCHECK!

URL https://www.youtube.com/shorts/_X0Xlo24EKg

高く上げたひざを前方に蹴り出し、大きく回す

●ストレートレッグ＋サイクル

ストレートレッグ
で２歩のインタ
ーバルを挟んで、
同じことを行う

●片脚のサイクル強調

左右交互に大き
く脚を前で回転
させる
接地した足で一
度弾んでひざを
高く上げる

骨盤ティルト

を修得するためのドリル

ここでは、足の接地時に骨盤を左右に傾けることで、推進力を高めるための体の使い方を身につけるドリルを紹介していきます。

上体の姿勢を保ちながら、足が接地するタイミングで遊脚側の骨盤を引き上げることでより大きな推進力を得ることができます。そのためにポイントになるのが、体側の筋肉の使い方です。これがうまくできていないと、上体が左右にブレて効率よく推進力につながりません。

骨盤を引き上げるためには、腹斜筋や中臀筋などの体幹部の筋肉の強さも必要です。どうしても姿勢がつくれない人は、トレーニングを通じて必要な筋力を強化しておくことも忘れてはいけません。

実際のランニングでは、この動きを左右交互に行う必要があるため、頭で考えながら走ることは不可能です。ドリルを通じて、正しい体の動かし方を身につけ、意識せずに自然に体が動くようにしておくことが大切です。

●リズムジャンプ

両足で地面で弾んだところから片ひざを前方に高く上げ、次のジャンプで横、次に前、左右の脚を入れ替えて、前、横、前とひざを上げます。遊脚側の骨盤を引き上げた状態をつくることで、中臀筋やわきに力が入り、ランニングに必要とされる脊柱の動きを引き出すことができます。おへそを正面に向けたまま、リズムよく行いましょう。

動画でCHECK!
URL https://www.youtube.com/shorts/_4t2xs6JL68

両足で地面で弾んで右ひざを高く上げる
脚を上げている側の骨盤が引き上げられる
次のジャンプでは右ひざを外側に上げる

最初と同様に右ひざを前に上げる
脚を入れ替えて左ひざを前に上げる
上げている側のお尻やわきの力が必要とされる

ひざを高く上げ、さらに腕を挙げて片足で地面で弾むドリルです。手を挙げることで骨盤の傾きを出すことを強調することができます。遊脚側の腕はわきをしめて骨盤を引き上げます。手を挙げた側の体側を伸ばすことで、逆側が縮まるため、よりダイナミックなトレーニングとなります。

動画でCHECK!

URL https://www.youtube.com/shorts/5mpAeWPJFZY

ひざを高い位置に上げ、逆側の腕を上に伸ばす
上げている側の骨盤が引き上げられた状態で地面に弾む
体側の筋肉は腕を上げた側が伸展、ひざを上げている側が収縮する

ひざを高い位置に上げ、反対側の腕を上に伸ばす動きを左右交互に連続して行うドリルです。2拍子のリズムでリズムよく行いましょう。筋力や柔軟性の左右差がある場合、左右交互に行うことで、どちらか片側でバランスを崩しやすくなります。体の左右のバランスもチェックできるドリルです。

動画でCHECK!

URL https://www.youtube.com/shorts/3aSmoixFOQ4

ひざを高い位置に上げ、逆側の腕を上に伸ばす
地面で弾むと同時に左右の手足を入れ替える
腕を下げている側のわき腹をつぶすイメージで骨盤を引き上げる

●骨盤ティルト　挙上

かならず左右両側でやっておくことが大切
足首の角度を固定してバネのように使って弾む

●骨盤ティルト　わき締め左右

左右差をなくして苦手なサイドをなくしておくことが大切
2回目のジャンプで手脚を入れ替えて元の姿勢に戻る

骨盤の左右に手を置き、左右交互に連続してできるだけ高い位置までひざを上げて片脚立ちになります。２拍子のリズムで軽く地面で弾み、接地のタイミングで遊脚側のわき腹をつぶすように脚を上げます。片側でバランスを崩しやすくなるため、左右差をチェックすることもできます。

動画でCHECK!

URL https://www.youtube.com/shorts/jlwCiCRMXkk

手で押さえていることで骨盤の傾きを意識できる
前に乗り込むように支持脚で軽く弾む
片脚立ちで、わき腹をつぶすようにできるだけひざを高く上げる

後ろ脚を前に振り出す力で体を前に運ぶイメージで、もも上げで前に進みます。ここでは、骨盤の左右の傾斜をつけることなどは意識せずに、ひざのお皿が前に向くように脚を振り出しましょう。「前回し」で脚を回転させるイメージだけ意識してやってみましょう。

動画でCHECK!

URL https://www.youtube.com/shorts/qQeVqpW8brE

ひざのお皿の部分を進行方向に向けるように脚を振り出す
接地のタイミングに合わせて脚を前に振り出す

●ティルトウォーク

傾きに左右差
がないかをチェ
ックしておこう

●もも上げ「前回し」

連続して左右
交互に行い、
左右差をなくし
ておこう
脚の振り上げ
で体を前に運
ぶイメージ

骨盤の左右の傾きを意識したもも上げドリルです。接地に合わせて腕を下からタイミングよく振って乗り込みましょう。接地時に遊脚側の骨盤を引き上げることで、左右に弾む感覚で体が浮くような動きになることを体感できます。通常のもも上げ（71ページ参照）と比較しながらやってみましょう。

動画でCHECK!

URL https://www.youtube.com/shorts/mjOUKgEcJGM

わき腹をつぶすイメージで体の右側を引き上げる
左足の接地のタイミングで右わきがしまり骨盤が右に引き上げられる

ティルトウォーク（70ページ参照）の感覚を持って行うバウンディングです。接地の脚の使い方を応用して、接地時に地面から得た反力を推進力につなげていくためのドリルです。地面を真下に押して大きく前に弾みましょう。骨盤の動きを加えて体を左右に振りながらバウンディングすることを意識しましょう。

動画でCHECK!

URL https://www.youtube.com/shorts/0hPZNE9bdf0

体を少し左右に振る感覚で乗り込んでいく
左足の接地と同時に骨盤の右側が引き上げられる

●もも上げ+骨盤ティルト

左右差が大きい場合は筋力差もチェックしておこう

通常のもも上げより体が浮く感覚をつかんでおこう

●バウンディング

支持脚の足首で地面に弾むと同時に骨盤を引き上げることで、体が浮き上がる感覚を身につけておこう

支持脚を曲げて体の前で回す感覚を身につけるためのドリルです。バウンディング同様、接地した足で地面を真下に押すと同時に、遊脚を前に振り上げ、空中で回してから最初と同じ足で接地します。非利き足側を苦手とする人が多いため、左右差をなくしておくことが大切です。

動画でCHECK!

URL https://www.youtube.com/shorts/Wzqgy4lwF0U

右足の接地のタイミングで骨盤の左側を引き上げながら左脚を前に振り出す

片脚のホッピングを2回行い、そのまま脚を入れ替えて逆サイドで2回行う

●ホッピング（片脚連続）

右足で接地し、
左脚を空中で
回す動作を連
続して行う
振り出した左脚を空中で回し、
再度、右足で接地する

●ホッピング（両脚交互）

ホッピングを片側で連続して2回したところで一歩インターバルを入れて、次に逆脚で2回連続してホッピングを行うドリルです。2回ごとに左右を入れ替えるため、苦手なサイドを自覚しやすくなります。誰もがかならず苦手サイドがあるはずなので、補強トレーニングなども通して、できるだけ左右差をなくしておくことが大切です。

動画でCHECK!

URL https://www.youtube.com/shorts/n9w_a_UYA9Q

足首のバネ
を修得するためのドリル

ここでは、地面からの反力を推進力につなげるための足の使い方を身につけるドリルを紹介します。

自分の体重をもっとも効率的に使って推進力を得るためのポイントは、ひざから下（下腿部）の使い方になります。足が接地したときに、足首を使ってしまうと、体を前に運ぶために足首のスナップやひざの曲げ伸ばしが必要になり、地面からの反力を生かすことができません。

ひざから下を固定して、つま先側で接地することで、足首のバネを使って地面で弾むことができます。ここで紹介するドリルを通じて、足首の使い方と地面に弾む「アンクルホップ」の感覚をつかんでおきましょう。

●アンクルホップ（両足）

両足を揃えたまま地面で弾みながら前に進むドリルです。ここでポイントになるのは下腿部の使い方です。ひざ下を固定してバネのように使って地面で弾みます。お腹と背中に力を入れ、体幹の形（コアボックス）を崩さず、タイミングよく上肢を使えるようにしましょう。

動画でCHECK!

URL https://www.youtube.com/shorts/YslraJ54AdQ

腕の振りで体を引き上げることも大切
体幹部の箱（コアボックス）が安定していることで上に力が伝わる

ひざ下を固定することで足首のバネを使えるようになる

片足で行うアンクルホップ。片足にしても両足のときと同じ体の使い方ができるかを確認しましょう。単なる片足のホッピングでなく、遊脚側の骨盤を引き上げて行うことで体が浮きやすくなります。骨盤を上げることで支持脚側の股関節もいいポジションになり、足首のバネを効率よく使えるようになります。

動画でCHECK!

URL https://www.youtube.com/shorts/ul8VoYBY-oA

下腿部を固定してコアボックスを安定させることで地面から得た反力が生かせる
遊脚側の骨盤を引き上げて片足で地面に弾む

片脚立ちになり、遊脚側に横向きのアンクルホップを行います。腹斜筋などの体側部の筋肉のバランスや強度、内転筋と中臀筋との関係などをチェックするトレーニングです。筋肉がない人は、体が「くの字」に曲がったり、骨盤を傾いたりするなどの代償動作が現れます。

動画でCHECK!

URL https://www.youtube.com/shorts/CC8-EstDT1l

下腿部や体幹部の使い方は前に進むときと同じ
遊脚方向に重心移動する
遊脚側の骨盤を引き上げて片足で地面に弾む

●アンクルホップ（片足）

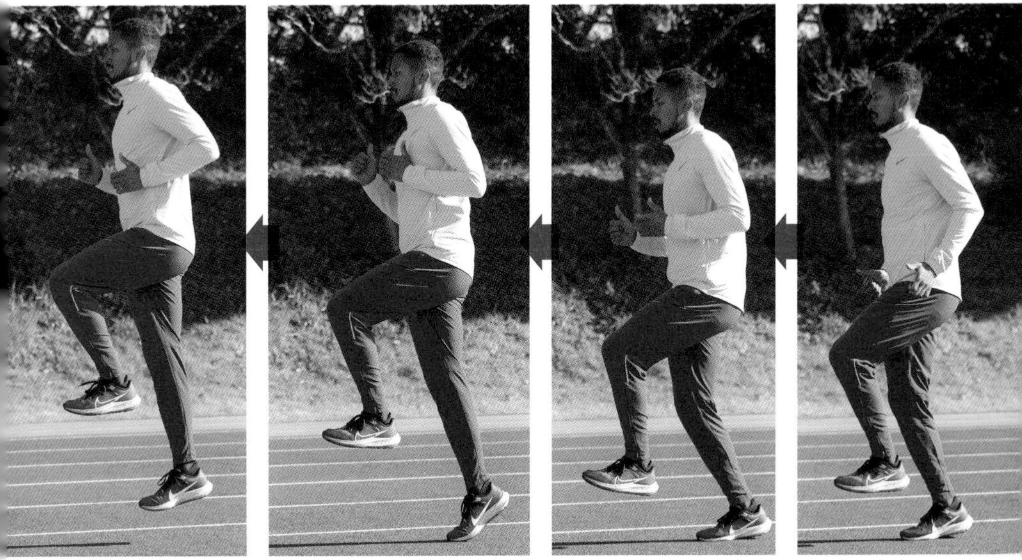

●アンクルホップ（横移動）

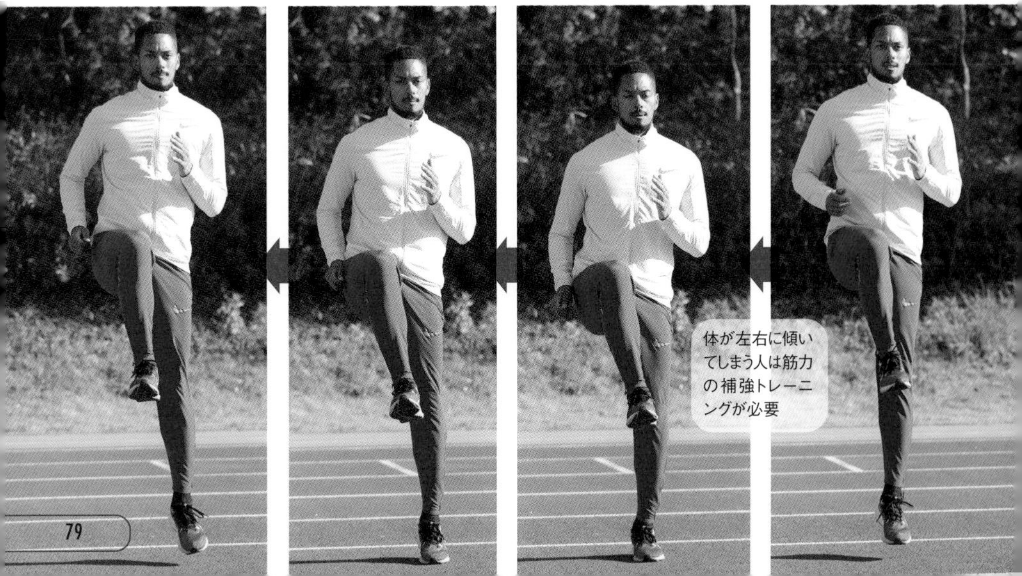
体が左右に傾いてしまう人は筋力の補強トレーニングが必要

フィギュア 4
を修得するためのドリル

ここでは、上肢と下肢の動きを連動させてスムーズな体重移動をできるようにするためのドリルを紹介します。

「前回し」の走りをするためには、足が接地したときに「フィギュア4（26ページ参照）」をつくるためには、足が接地した瞬間に重心移動が完了している必要があります。まずは、歩行動作でこの感覚を身につけていくことが大切です。

さらに、加速するためには、遊脚側の骨盤を引き上げる動きが加わります。この動きは、支持脚側の中臀筋や遊脚側のわきに力が入り、脊柱の動きが引き出されて実現します。ドリルを通じて、これらの動きの連動性を高めることで速く走れるフォームを身につけていきましょう。

●もも上げ歩行

ひざを高く上げて片脚立ちになった姿勢から、足を接地させ、自分の体をスッと乗り込ませるように重心移動して、逆側のひざを高く上げます。片脚立ちになったときに、遊脚側の骨盤を引き上げるように体を使いましょう。骨盤ティルトとアンクルホップの要素を組み合わせたドリルです。

遊脚を伸ばしながら前に踏み出す
遊脚側の骨盤を引き上げて片脚立ちになる
接地した瞬間にスッと重心を支持脚に乗せて片脚を浮かせる
ひざのお皿が上向きになるように脚を振り出す

「もも上げ歩行」の次に、水平方向に乗り込むドリルをやってみましょう。支持脚に乗り込むときに「フィギュア4」をつくるイメージでひざを前に振り出します。脚を振り出すときに、ひざのお皿が地面に突き刺さる方向でないと体を水平に移動できません。力が前方向に発揮され、推進力が高まります。

動画でCHECK!

URL https://www.youtube.com/shorts/linlh3onNyM

体は水平に移動する
ひざのお皿が前方の地面に向くように脚を振り出す

両腕を逆に回しながら歩きます。四肢の連動を目的としたドリルです。後ろ回しの腕側のわきに力が入ったタイミングで、同側の足を接地させます。体の側面の筋肉に意識を置いて、わきをつぶしながら前に乗るタイミングを掴みましょう。ソフトボールのピッチャーをイメージして体を使うといいでしょう。

動画でCHECK!

URL https://www.youtube.com/shorts/AhpKagHLqpk

右腕は後ろ回し、左腕は前回しをしながら歩行を開始する

●シザース歩行

体の前方で左右の脚が交差し、乗り込むときに「4」の文字ができる(フィギュア4)
足が接地した瞬間にスッと乗り込む

●ダブルアーム歩行

ソフトボールのピッチングをイメージするとタイミングをとりやすくなる
右足が接地するタイミングで右のわき腹がつぶれ、わきとお尻に力が入る

両手を体の前で重ね、ひじを左右に広げた姿勢で、ひじを後ろ回しで動かしながら歩行するドリルです。接地のタイミングで同側のわき腹がつぶれてひじが前に出ます。また、逆側ではひじが後方に移動しながらわき腹が引き伸ばされます。同側と逆側のどちらの方がタイミングをとりやすいかを確認しましょう。

動画でCHECK!

URL https://www.youtube.com/shorts/VSk6XfwWuPE

ひじを一直線に保って大きく後ろに回しながら歩行する
接地のタイミングで同側のわきがつぶれ、逆側は伸ばされる
体の前で手を重ね両ひじを左右に張る

両肩を指先で触れながら、腕を前に回しながら歩行してみましょう。左足が接地するタイミングで、右ひじが前に振り出されます。「後ろ回し歩行」よりもこちらの方がやりやすい人は、実際のランニングのなかでは、腕を引くときにタイミングをとるといいでしょう。

動画でCHECK!

URL https://www.youtube.com/shorts/FloRCqneioM

左足が前にきたところで右ひじが前に振り出される
指先を肩に当てて、ひじが対称の位置になるように前回しに回転させる

●後ろ回し歩行

体の前で手を合わせて行うことで脊柱の動きを出せる
同側と逆側のどちらがタイミングをとりやすいか確認しておく

●前回し歩行

左足が接地したところで左わきがつぶれ骨盤が引き上げられる

ミニハードル

を使った技術修得トレーニング

「フィギュア4」をつくるドリル（80ページ参照）でやった脚の軌道を定着させるためには、ミニハードルを使ったトレーニングが有効です。

障害物を置くことで、頭で考えなくても、自然に乗り越えるように体が動きます。乗り越えるときに自分の体が前に乗り込めているかを確認するのに有効です。

接地位置が重心より前になってしまうと、地面を押さえたときに、進行方向に対してブレーキがかかってしまいます。足にブレーキがかからない位置まで上半身を移動することを目的としたドリルで技術を身につけましょう。

●1STEP切り替え

ミニハードルを置いて行う脚の入れ替え動作のドリルです。「もも上げ歩行（81ページ参照）」と同じ姿勢から、素早く脚を入れ替えます。一歩一歩脚の入れ替えが完了したところで乗り込みを完了させられているか、正しい片脚立ちの姿勢で重心を支えられているかを確認しながら行いましょう。

動画でCHECK!
URL https://www.youtube.com/shorts/RC5lD89u70g

ハードルを越えた後、接地後に1回ステップを入れてから次のハードルを越えていくドリルです。ハードル間でステップすることで単純に難易度が上がります。3拍子のリズムになるので、1回ごとに左右の脚が入れ替わります。左右の差が出やすくなるので、苦手なサイドを自覚しやすくなります。

動画でCHECK!

URL https://www.youtube.com/shorts/ozZl2ccC7f4

ひざを上げた姿勢から支持脚の足首のバネを使ってハードルを越える

支持脚のひざを伸ばしたまま、その場で2回バウンドしてから脚を入れ替えながらハードルをまたぎます。かかと着地の長距離選手などは苦手な人も多いドリルです。足首の力がないとひざの曲げ伸ばしのジャンプになります。視線の上下動が出る人は、アンクルホップ（78ページ参照）できているか確認しましょう。

動画でCHECK!

URL https://www.youtube.com/shorts/x-CcX1NvTnA

3回目の接地で重心移動して前に乗り込む
ひざを高く上げた姿勢でその場で2回地面に弾む

●オルタネート

接地後にタン、タン、タンの３拍子のリズムで左右交互にジャンプする
もう一度、前と逆の脚に入れ替える
右足で接地したら真上に一回弾んで左右の脚を入れ替える

●2HOP切り替え

空中で左右の脚を入れ替え、逆の足で接地する

これまでの体の使い方を利用して、連続でもも上げ動作を行い、ランに近づけていきましょう。足首のバネを使って接地した足に乗り込めていることが大切です。つま先から接地して、弾んだときに頭から足まで一直線の姿勢をとれているのが理想です。

動画でCHECK!

URL https://www.youtube.com/shorts/WgJvjYItDVQ

地面で弾むときに頭から足までが一直線になるのが理想

自己タイムとハードルの接地距離の目安（中間疾走の場合）

100mのタイム	ハードル間の距離の目安
10秒00	225cm前後
10秒50	220cm前後
11秒00	215cm前後
11秒50	210cm前後
12秒00	205cm前後

動画でCHECK!

URL https://www.youtube.com/shorts/muLT5TG_GNM

●もも上げ

つま先で地面を
ポンと叩く感覚
を身につけよう
つま先で接
地して足首
のバネで地
面に弾む

●ストライド走

ハードル間の距離を徐々に広げてセットすることで、スタート局面につながるトレーニングになります。もし、中間疾走の練習をしたいのであれば、自分のストライドに合わせてハードル間の距離（右表参照）を均等に設定するといいでしょう。単に動作を確認したいのであれば３足長程度のインターバルでハードルをセットするといいでしょう。

ハードル

を使った技術修得トレーニング

ランニングフォームを身につけるうえで、ハードルは非常に有効なトレーニングになります。「ひざを伸ばす」、「腰を落とさない」など、部位に着目してドリルをするよりも、物をまたぐという目的をつくった方が、脳が目的に対して体をどう使うかという判断をしやすくなります。実際に、ランニングでも「向こうまで移動する」という目的のもとに脳が判断して体が動いているのです。

目標物を越えるときには、自分の体の移動はすでに完了しています。これは、何もないところで「ひざを高く上げる」、「腰をもっと高く」などの指示に従うのとは全く趣旨が異なります。

単に地面を押さえるといっても伝わらないので、ハードルを使ったトレーニングを通じて、正しい腰の位置、支持脚を固定すること、支点があって動くものがあるという感覚を体でおぼえておきましょう。

トレーニング中に注意したいのが、脚を抜くときにお皿の向きが内や外に向いてしまうこと。できれば、おへそをずっと正面に向け続けたままハードルを越えるのが理想です。

体が左右に開くと、支持脚もその方向に引っ張られてしまいます。踏み込み動作にかなりの精度が必要とされるトレーニングです。

●ハードルまたぎ

股関節の可動性をチェックするための基本ドリルです。おへそを正面に向けたまま行うため、年配者や股関節の硬い人にはかなりきついドリルでしょう。股関節の可動性がないと骨盤を左右に開かずにハードルを越えることができません。ドリルを行うときは、体の止めるべきところをしっかり止められているかを確認しながら行うことが大切です。

動画でCHECK!
URL　https://www.youtube.com/shorts/-VhEvzObQoc

脚を回すときに
骨盤が外向き
に開かないよう
に注意する

つねにおへそが
前を向いた状態
を意識しよう
ハードルを越え
たときに自然に
重心が前に乗る

右→左、左→右のように、接地した側で連続して行うことで、自分の苦手な方がわかりやすくなります。苦手な側の筋力や柔軟性をチェックして、補強トレーニングなどをしておくことが大切です。

動画でCHECK!

URL https://www.youtube.com/shorts/ul8VoYBY-oA

そのまま連続して右脚でハードルをまたぐ
おへそを正面に向けたまま左脚からハードルをまたぐ

横から脚を回してハードルを越えていきましょう。単純にひざを伸ばしたぶん、体のコントロールが難しくなります。重心も高いのでバランスを崩しやすく、体幹部の安定性が求められます。ひざを伸ばしても、骨盤を開かずにおへそを正面に向け、体をきっちりコントロールできるか確認しておきましょう。

動画でCHECK!

URL https://www.youtube.com/shorts/4DkeEKW52sc

できるだけひざを曲げずにハードルを越える
つま先がつねに上を向くように足首を背屈させる

●ハードルまたぎ（左右交互）

自分の苦手なサイドを把握して
トレーニングで補強しておこう
次に最初に右脚
→左脚の順にハ
ードルをまたぐ

●ハードルまたぎ（伸脚）

つねにおへそが前
を向くように骨盤
の向きに注意する

両腕を水平に上げて、ひざを伸ばしたまま脚を左右に振ってハードルを越えましょう。腹斜筋、中臀筋、内転筋などが弱い人は左右にフラフラしてヤジロベエのような動きになってしまいます。できる限り上体の水平を保ち、脚だけをリズミカルに動かすようにやってみましょう。

動画でCHECK!
URL https://www.youtube.com/shorts/Ho1SM3MgL7o

NISHI
骨盤が開かないように姿勢を保ってわき腹をつぶすように使う
脚を左右に振るように上げてハードルを越える
両腕を水平に広げ、支持脚で地面で弾む

横向きの姿勢でハードルを越えるドリルです。前回しにするための姿勢づくりのためのトレーニングです。横から見て頭から足までまっすぐになっているか、脚を上げた瞬間の足首がそのまま地面をポンと押せる形になっているかを確認できます。できるだけひざ下と体幹との距離を近づけるのがポイントです。

動画でCHECK!
URL https://www.youtube.com/shorts/1qhkjgjCxYg

乗り込んだ後も頭から支持脚が一直線になる
前から見ても横から見ても頭から支持脚までが一直線
横向きでハードルを越えて乗り込んでいく練習

●ハードルまたぎ（横スイング）

前に乗り込んだところで一度地面に弾み、連続して逆脚で行う

●ハードルまたぎ（横向き）

できるだけ体の近くまで下腿部を引き寄せるのがポイント
脚を下に落として左右の脚を入れ替える
足首を背屈させて地面を押せる形にしておく

空中で左右の脚を入れ替えながら横向きにハードルを越えていきましょう。足首のバネを使って跳ぶ能力が必要とされます。姿勢を保つための腹筋や背筋がしっかりしていないと、のけ反ったり背中が丸まったり、支持脚のひざを曲げたジャンプになったりしてしまいます。姿勢を保つ能力を確認できます。

動画でCHECK!

URL https://www.youtube.com/shorts/eo-S2vtSpDY

姿勢を保てていることで地面からの反力が上体に伝わる
進行方向と逆の脚で地面を押して高く跳ねることが大切

ハードルの横を使って、片脚だけでハードルを越えていくドリルです。「外足を踏んだら内側の脚が上がる」というシザースの関係を身につけることができます。内脚は障害物を越えるくらい高く上げ、外足は接地させるときに地面を叩くように使います。外足で受けた地面の反発で内脚が上がる感覚をつかみましょう。

動画でCHECK!

URL https://www.youtube.com/shorts/FLuPQPiTYRI

両脚の「挟み込み（シザース）」の感覚を身につけよう
外足の接地で受けた地面の反力で内脚が高く上がる

●ハードルまたぎ（空中で入れ替え）

左足で接地したら
脚を入れ替えて、
連続して次のジャン
プを行う
空中で左右の
脚を入れ替える
ため、高く跳ぶ
必要がある

●ハードルまたぎ（横抜き）

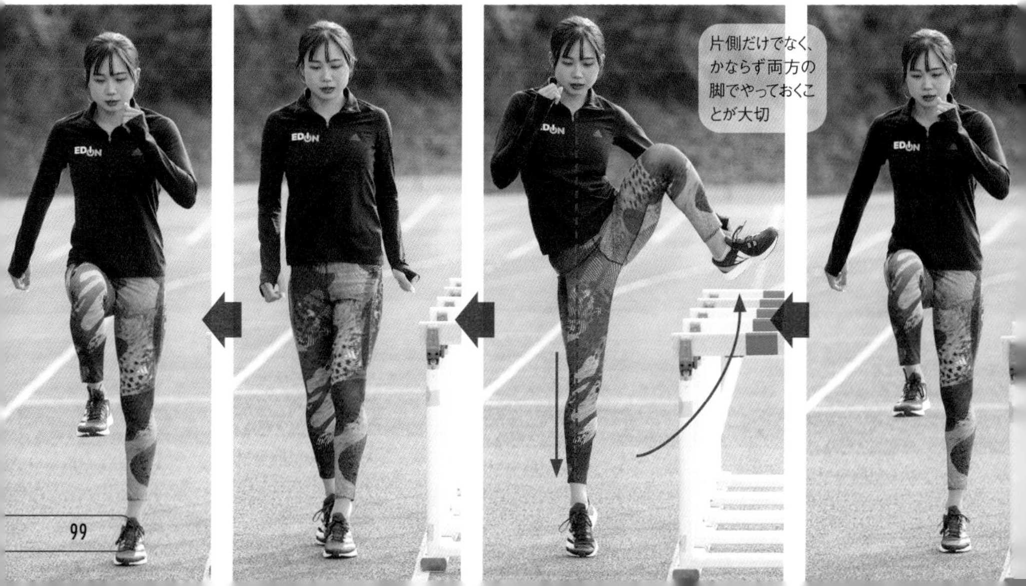
片側だけでなく、
かならず両方の
脚でやっておくこ
とが大切

ラダー を使った技術修得トレーニング

ラダーと聞くと、細かい脚の動きを素早く行うための巧緻性を高める目的のトレーニングと思われがちですが、ここで紹介しているトレーニングの趣旨は少し異なります。

ランニング動作において、地面から受けた力を推進力につなげるために大切なのは、足が接地したときの「姿勢」と「地面を押す角度」です。これらを正しく身につけ「前回し」の姿勢をきちんとつくることを目的としています。

強調した場面でもまっすぐの姿勢をつくることで、どの局面でも姿勢を保てるようにしておきましょう。

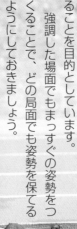

ウォーミングアップ（中・中・外のマイクロステップ）

強調した動きを取り入れたラダートレーニングをする前に、まず細かい足の動きをマスターしておきましょう。ラダーの外に接地したときに地面から力をもらって方向を切り替える感覚を体感しておくことで、強調した動作を行いやすくなります。

動画でCHECK!

URL https://www.youtube.com/shorts/DsCGfst2ztY

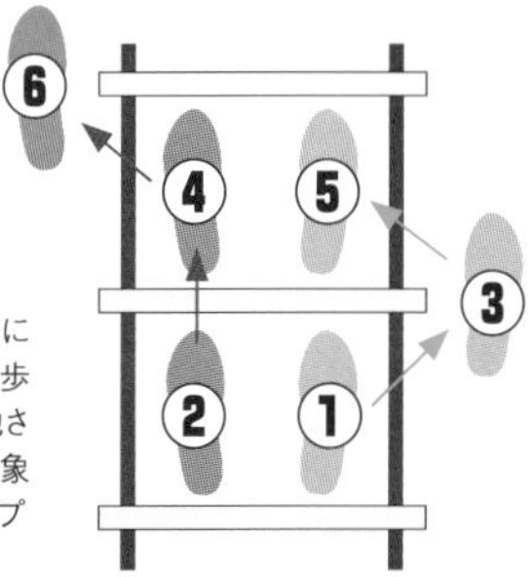

ラダーの同じグリッド内に左右の足を接地させ、3歩目をグリッドの外に接地させる。3拍子で左右対象の動きをする基本ステップ

中・中・外の基本ステップで、外に接地したときに地面から力をもらう動作を強調してみましょう。ラダーのグリッド内での細かいステップでも、足首を固めてアンクルホップする意識を持つことが大切です。3拍子でリズムよく左右交互に強調姿勢をつくりましょう。

動画でCHECK!

URL https://www.youtube.com/shorts/z7UxsNdSP4s

グリッドの右外に右足で接地。切り返しを強調する
同じグリッド内で左足でアンクルホップ
グリッド内で右足でアンクルホップ

ラダー内で両足でアンクルホップをしたところから、外足をグリッドの外に接地させ、グリッド内で両足で接地、逆サイドでも同じことを行う2拍子のトレーニングです。グリッド外に踏み出したときに強調した切り返しの姿勢をきちんとつくりましょう。3拍子に比べてリズムが難しくなります。

動画でCHECK!

URL https://www.youtube.com/shorts/ysS4zsTO1GQ

次のグリッドで両足でアンクルホップ
グリッド内で両足でアンクルホップ
グリッド左外に左足で接地してアンクルホップ
グリッド右外に右足で接地してアンクルホップ

●ラダーステップ（中・中・外切り返し）

グリッド外で内に切り返す。上体をまっすぐ保って足を高く引き上げる
同じグリッド内で右足でアンクルホップ
一つ先のグリッド内に左足で接地してアンクルホップ

●ラダーステップ（両足・外切り返し）

2拍子になるぶん、アクセントをつけるのが難しくなる
グリッド外で切り返す姿勢を強調する

両腕を水平に上げ、上肢を固定して肩のラインをブレさせずに、下肢だけを動かしながら、グリッドを使って縦→右→縦→左の順に移動します。上肢と下肢の動きの分離を目的としたトレーニングです。脊柱は捻転されますが、腕が下肢と一緒に動かないように肩のラインを動かさない意識を持ちましょう。

動画でCHECK!

URL https://www.youtube.com/shorts/Fz03cTHDG6E

下半身を反転させグリッド内に右向きで接地
左足をグリッド外に接地
下半身だけ反転させグリッド内に縦に接地
左足はグリッド内、右足はグリッド外に接地してアンクルホップ

ラダーの左右に移動する動的ストレッチの要素が大きいドリルです。脚を回すときに、サッカーのドリブルチェンジのようにひざから下を回すのでなく、ひざを高い位置に通します。ひざ下と足首を固定して、脚を股関節から動かすことがもも上げの姿勢につながります。姿勢の範囲内で最大可動域をつくりましょう。

動画でCHECK!

URL https://www.youtube.com/shorts/3eR5p8DOjc4

外脚を回してラダーの左右に接地する
できるだけ高い位置でひざを回す

●ラダーツイスト（横・前・横）

脊柱が捻転されるように体を使う
肩のラインをつねに進行方向に向けておく

●ラダーツイストウォーク（外脚回し）

大きく動かそうとして背中やひざが曲がらないように注意
肩のラインを残すことで脊柱が捻転される
ひざ下を固定してアンクルホップする

ラダーの横から内側の脚を回して逆サイドに移動します。サッカーのアウトサイドキックのような、中臀筋や脚の外側の筋肉を使った陸上競技ではあまり親しみのない動きになります。慣れない体の使い方で、リズム的にも難度が高いため、体を巧みに操る能力を高めるためのドリルになります。

動画でCHECK!

URL https://www.youtube.com/shorts/a99wrWN9YCU

接地した足でアンクルホップ
脚の外側の筋肉を使って、脚を内から外に大きく回す

接地した足を後方のグリッドに移動させてアンクルホップします。ランニング動作では、ひざから下を自分の重心の後方に突き刺すことが推進力につながります。体の後方に接地することで体は前に跳ね返ります。実際のランニングでのすねの角度（シンアングル）をつくるイメージで行いましょう。

URL https://www.youtube.com/shorts/xEvjTTfqaXc

体の後方に接地してアンクルホップする
接地した足を一つ後ろのグリッドに移動させる

●ラダーツイストウォーク（内脚回し）

ひざを高い位置に
通して大きく回す
陸上競技に
はあまりない
体の使い方
で体の操作
性を高める

●ラダーランニングマン

斜め後方に地面を押
すことで跳ね返りの力
（反力）が進行方向に
なり、推進力になる
ターンオーバー（60
ページ参照）に似た
体の使い方になる

加速局面

の姿勢を修得するためのドリル

加速局面では、頭からかかとまでのラインが一直線になっていることが大切です。このラインができていることで、エネルギーがまっすぐに伝わります。

また、遊脚のすねの角度がこれから突き刺す地面の方向にちゃんと向いているかもポイントです。同時に、体のアングルも進みたい方向に向かって前傾を保つ必要があります。

これらの姿勢をつくるためには、前鋸筋などの上半身の力も必要です。わきの力がないと肩甲骨の位置を固定できずに肩が上がって、腕で引っ張ることができなくなってしまいます。一見、関係ないように見えますが、肩甲骨を下げる力が大切になります。

スタートから上体が起き上がるまでの加速局面の姿勢や体の使い方を、効率よく身につけるためのドリルが「ウォールドリル」です。実際の局面に近い姿勢で、カベをまっすぐに押し込むイメージでパワーを発揮させましょう。

スタートでは前に倒れこむ力を推進力につなげる

頭からかかとまでが一直線になる姿勢をつくることで、前に倒れこむ位置エネルギーとスターティングブロックを蹴り出した力を推進力につなげることができる。

アンバランスを利用してすねを地面に突き刺す

スタート直後は、できるだけ前傾を保ち、前に倒れこむ力を推進力につなげる。すねの向き（シンアングル）をできるだけ鋭角にして、ひざから下を後方の地面に突き刺すように使うのが理想。

●基本のウォールドリル（2歩）

動画でCHECK!

URL https://www.youtube.com/shorts/4FoAbG2SPLo

カベなどに両手を置き、カベをまっすぐに押し込むようなイメージでパワーを発揮して、左右の脚を空中で入れ替えます。前傾姿勢を保ちつつ、適正な方向に地面を押せているか、上肢の姿勢を正しく維持できているかを確認しながら行いましょう。

「右→左」と「左→右」の両方を行うことで、自分の苦手なサイドや体のバランスを認識できます。

頭・背骨姿勢に要注意!

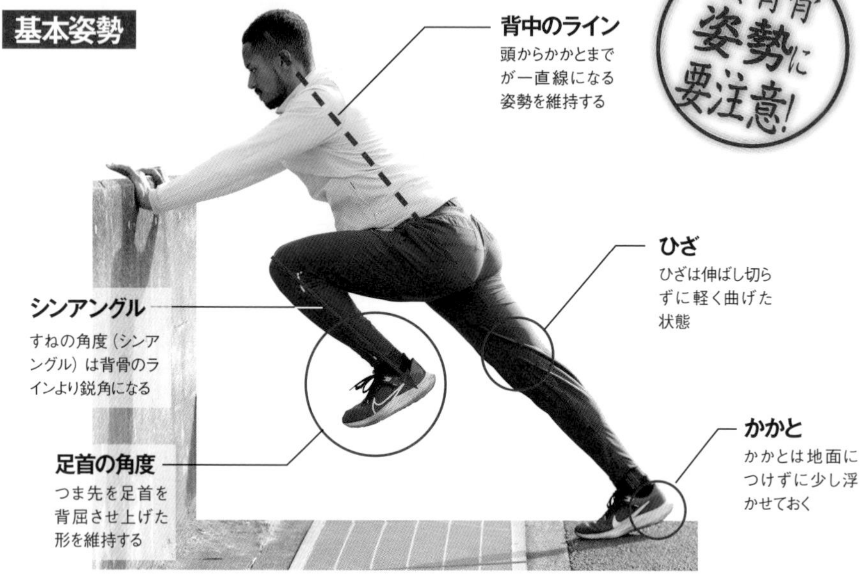
基本姿勢
背中のライン
頭からかかとまでが一直線になる姿勢を維持する
ひざ
ひざは伸ばし切らずに軽く曲げた状態
シンアングル
すねの角度（シンアングル）は背骨のラインより鋭角になる
かかと
かかとは地面につけずに少し浮かせておく
足首の角度
つま先を足首を背屈させ上げた形を維持する

1
2
3

1. カベをまっすぐに押すように両手で体を支えながら基本姿勢をつくる
2. 体幹の姿勢を維持しながら空中で左右の脚を入れ替える
3. 姿勢に注意しながら、「タン、タン」と2拍子のリズムで連続して行う

●ウォールドリル（3歩）

動画でCHECK!
URL https://www.youtube.com/shorts/JSAnfkDb0ZM

基本のウォールドリルを「1、2、3」の3拍子で脚を入れ替えます。3歩ごとにスタートの脚が左右入れ替わります。2拍子の時に比べると、左右差には気づきにくくなりますが、連続して行うので姿勢の維持が難しくなります。姿勢や地面を押す方向に気をつけながらやってみましょう。

頭・背骨 姿勢に要注意!

左脚を浮かせた姿勢から脚の入れ替えをスタートする

姿勢に注意しながら素早く脚を入れ替える

「タン、タン、タン」と接地の音を聞きながら3拍子のリズムで行う。3回ごとに最初の脚が入れ替わる

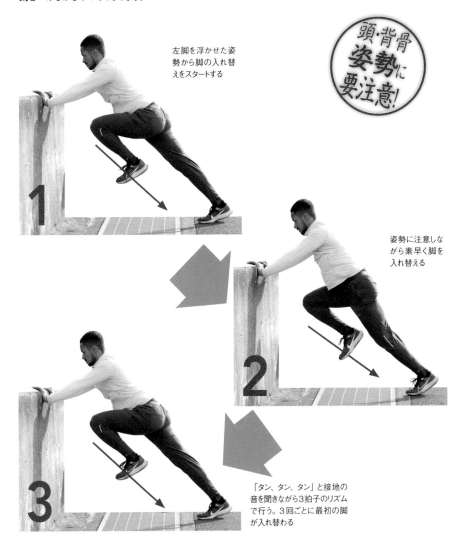

●ウォールドリル（片手）

メディシンボールなどを片手でカベに押さえつけながら行うウォールドリルです。3拍子のリズムで行いましょう。ボールで支えている側の側面の筋力が必要になります。筋力がないとまっすぐに立てません。また、腕の力で押さえ込もうとすると肩に力が入って体が左右にねじれてしまいます。左右でやっておくことが大切です。

動画でCHECK!

URL https://www.youtube.com/shorts/7MZToo8oFog

空中姿勢

ボールを持っての片手支持になるため、姿勢を維持するための体幹の筋力が不足していたり、ボールを押さえる腕に力みが生じると、バランスを崩したり、蹴り出し方向がブレたりするので注意しよう

頭・背骨
姿勢に
要注意!

片手でボールをカベに押しつけて基本姿勢をつくる

腕の振りとタイミングを合わせて左右の脚を空中で入れ替える

「タン、タン、タン」と接地の音を聞きながら3拍子のリズムで行う。3回ごとに最初の脚が入れ替わる

●ウォールドリル（引き寄せ）

動画でCHECK!
URL https://www.youtube.com/shorts/bqHdK1LxAs8

さらに上体を屈曲させ、スタートのポジションに近づけたウォールドリルです。上体を水平にして、両手でカベを押さえた姿勢から、浮かせた脚を振り込むことで、スタートの最初の一歩に近くなります。

上肢を深く倒したところから体を起こすため、姿勢をつくるのが難しくなります。片脚を上げた姿勢で、バランスを崩さずに体を起こすには慣れが必要です。体が起き過ぎないように注意しましょう。

頭・背骨 姿勢に要注意!

両手でカベを支えながら片脚を後方に伸ばし、支持脚のひざを曲げた姿勢からスタートする

両手でカベを押しながら後方に伸ばした脚を一気に前に引きつけて体を起き上がらせる。上半身の角度が変わりながら後ろ脚を振り込んでくる動作。支持脚のひざのお皿が前に向くように引きつける。上に向かないように注意しよう

●ウォールドリル（中間疾走局面）

動画でCHECK!
URL https://www.youtube.com/shorts/Cu5C2SHNFA4

メディシンボールなどを両手でカベに押さえつけながら行うウォールドリルです。上半身をそこまで深くかぶせずに、これまでのドリルよりも少し起こして左右の脚を入れ替えましょう。2拍子と3拍子の両方でやっておくといいでしょう。

ここまでのウォールドリルは加速局面の姿勢づくりを目的としていたのに対して、これは中間疾走の姿勢づくりと脚さばきの修得を目的にしたドリルです。

頭・背骨
姿勢に
要注意!

両手でボールをカベに押しつけ、後ろ足のひざを軽く曲げ、今までより上体を起こして太ももが水平になる高さまで前脚を上げる

空中で左右の脚を入れ替える

中間疾走時のフォームの左右差をチェックするならば２拍子、ボディバランスを修得するなら３拍子で行う

Part 4

体の操作性を高め
フォーム修得に役立つ

筋力トレーニング&ストレッチ

ランニングに必要とされる筋力を強化しよう

「シザース」
「姿勢維持」
「骨盤 Tilt」
「加速局面」
「接地」

正しいランニングフォームを身につけるためには、最低限でも自分の体をコントロールするために十分な筋力が必要とされます。

まず基本となるのは、体幹の姿勢の維持です。体幹を安定させることで、地面から得た力を推進力につなげることができます。次に、地面を押す力です。足首をバネのように使うためには、臀部やハムストリングの筋力が必要です。そして、「前回し」にするためには、後方の脚を前に戻すための「シザース動作」を素早く行うための筋力が求められます。

スタートやスタート直後の加速局面では、これらの動きがさらに強調されるため、強い筋力が求められます。

そして、地面から得た力を上体に伝えるために大切なのが、上肢と下肢をタイミングよく連動させることです。そのために必要なのが、腕の動きに関連する前鋸筋や肩甲骨の動きです。さらに、骨盤の動きを加えて脊柱の動きを出すためには体側部の筋力が必要です。

●プレートプッシュ

左右それぞれ
5回×3セット
※プレート負荷：5REPS

胸の前で両手でプレートを持ち、上体を浮かせ、その姿勢を崩さずに素早くプレートを前に押し出し、元の姿勢に戻します。上体のバランスを崩さないように、片ひざを軽く曲げて行いましょう。体幹を安定させたまま、前鋸筋を素早く使うトレーニングになります。左右でやっておきましょう。

頭・背骨 姿勢に 要注意!

1

片ひざを曲げ、上体を浮かせて、胸の前で両手でプレートを持つ

2

胸の正面に向かって素早く腕を伸ばし、元の姿勢に戻す。ひざを曲げている側のわき腹に力が入る

プレートプッシュ（横向き）

パートナーが足を押さえて横向きで行うプレートプッシュです。横向きで上体を浮かせた姿勢で行うため、わき腹にかかる負荷が高まり、プレートを引くときにわき腹をつぶす感覚が高まります。

1

横向きで胸の前でプレートを持ち、パートナーに足を押さえてもらい、上体を浮かせる

2

胸の正面に向かって素早く腕を伸ばし、元の姿勢に戻す。わき腹や前鋸筋にかかる負荷を高めたトレーニング

●プレートローテーション

胸の前で両手でプレートを持ち「プレートプッシュ」(117ページ参照)」と同じ姿勢からスタートします。手に持ったプレートを頭の周りに移動させ、元の姿勢に戻ったところで、逆まわしで元の位置に戻しましょう。

頭の周りを一周させるので、体幹部の前面・側面・背面のすべての筋肉を使うトレーニングになります。

左右それぞれ
3回×1セット
※プレート負荷：3REPS

1

片ひざを曲げ、上体を浮かせて、胸の前で両手でプレートを持つ

2

姿勢を変えずに腕だけを動かしてプレートを頭の周りに移動させる

3

できるだけ上体を前屈させずに腕だけを動かすイメージ

頭・背骨姿勢に要注意!

4

頭の周りを一周させたところで逆まわしで元の位置に戻す

プレートローテーション（横向き）

パートナーが足を押さえて横向きで行うプレートローテーションです。横向きで上体を浮かせた姿勢で行うため、わき腹にかかる負荷が高まり、プレートを上げるときにわき腹をつぶす感覚が高まります。反り腰の人は、回し始めに反りやすいので注意しましょう。

1

横向きで胸の前でプレートを持ち、パートナーに足を押さえてもらい、上体を浮かせる

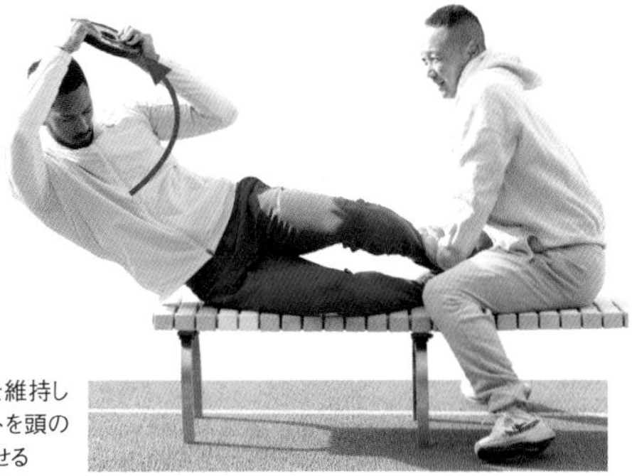

2

上体の姿勢を維持したままプレートを頭の周りに移動させる

3

体幹を安定させて上体がなるべく前後に動かないように注意する

4

一周したところで逆まわしでプレートを元の位置に戻す

●ローマンチェア

ベンチなどにうつ伏せになり、パートナーに足を押さえてもらい、胸の前で両手でプレートを持った姿勢からスタートします。プレートを素早く前方に押し出し元の位置に戻します。高さのあるベンチであれば、体の真下に押し出してもいいでしょう。次に上体をひねって左方向、右方向の順に素早く押し出して戻します。体幹部の筋肉と広背筋のトレーニングになります。手が地面に当たらないように気をつけましょう。

ベンチなどを使用して

3回×1セット

※プレート負荷：3REPS

1

パートナーに足を押さえてもらい、ベンチにうつ伏せになり、胸の前で両手でプレートを持つ

2

手が地面に当たらないように、斜め前方にプレートを押し出し、元の姿勢に戻る

3

左に上体をひねりながら左に向かってプレートを押し出し、元の姿勢に戻る

4

右に上体をひねりながら右にプレートを押し出し、元の姿勢に戻る。ここまでを1回とカウントする

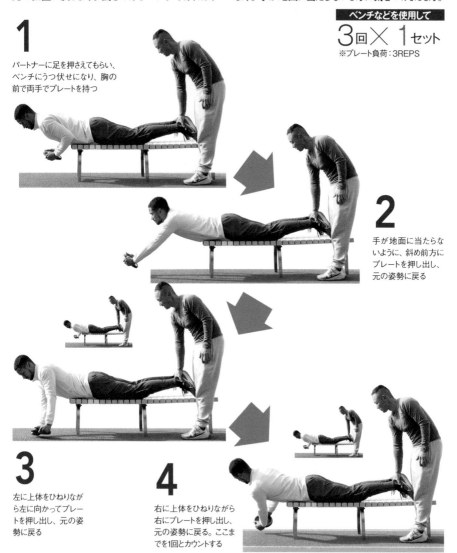

●ベントオーバーロウ

　バーベルを使って行う広背筋と僧帽筋のトレーニングです。広背筋はおもに腕の振り、僧帽筋はおもに肩甲骨の動きに関わる筋肉です。正しい姿勢で行うことが非常に大切で、姿勢が悪いとターゲットとされる筋肉が動員されなくなってしまいます。姿勢に気をつけながらやっていきましょう。

正しい姿勢で

5回×3セット

※バーベル負荷：5REPS

60〜90°
目線を上げずに下を向けたまま行う

1

肩幅程度のスタンスで立ち、肩幅より少し広めの手幅でバーベルを持つ。背すじを伸ばしたまま、上体を60〜90°前傾させた姿勢からスタートする。自分のスタートの発射姿勢に近づけよう

2

肩甲骨を内側に引き寄せながら、バーを下腹部に向かってゆっくり引き寄せ、ゆっくり元の位置に戻す

●ベントオーバーロウ（片手）

実際のランニング動作につなげるための片手で行うベントオーバーロウです。上体を前傾させ、脚を前後に開き、腕の振りと連動させて体を動かします。肩甲骨を下げたまま（下制）、内側に引き寄せる（内転）ことが大切です。

左右各

5回×3セット

※バーベル負荷：5REPS

1

左脚を前にして大きく前後に脚を広げ、右手でバーベルの片側を持つ

2

前傾姿勢を保ちながら、視線を上げずに腕を入れ替えるようにバーベルを引き上げる

左腕で行う

1

2

●スーパーマン腹筋

左右各
3回×1セット

姿勢維持を目的とした自重で行う体幹トレーニングです。体をひねることで、体側部の筋力に重点を置いたトレーニングになります。平地でも行うことができますが、台の上で行うことで体を水平まで伸展できるようになります。

1

ひざを曲げて左に倒した姿勢でパートナーが足を押さえる。体幹をひねってパートナーの体の右側に両腕を水平に伸ばす

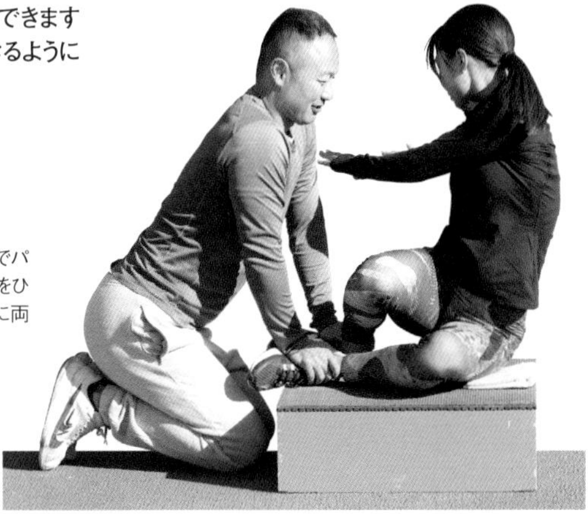

2

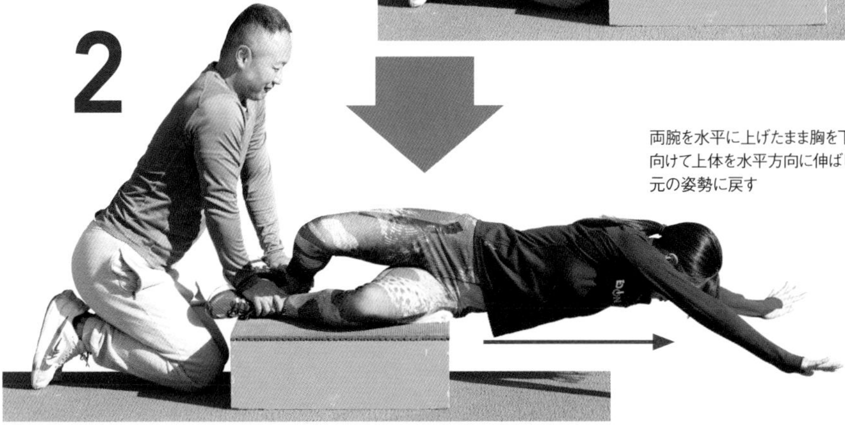

両腕を水平に上げたまま胸を下に向けて上体を水平方向に伸ばし、元の姿勢に戻す

右側で行う

●腹筋プレートプッシュ

正面、左右で1回
5回×3セット
※プレート負荷：5REPS

体幹の姿勢を維持しながら、上肢でパワーを発揮するトレーニングです。プレートを押し出す向きを1回ごとに変え、正面と左右の3方向で行います。左右差が出ないようにしておくことが大切です。

頭·背骨
姿勢に
要注意!

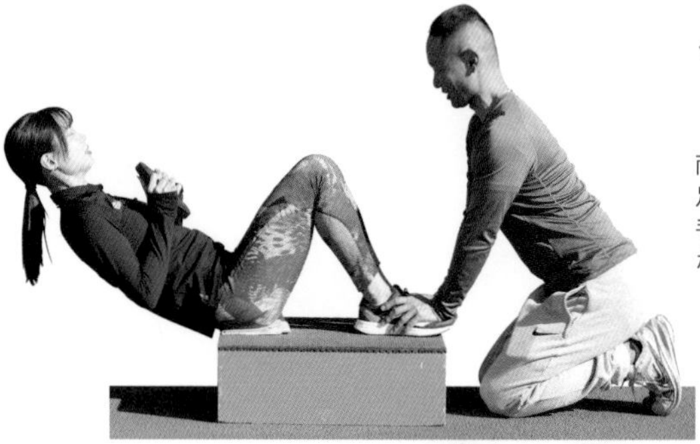

1

両ひざを立て、パートナーが足を押さえる。プレートを両手で胸の前で持ち、できるだけ後方に上体を倒す

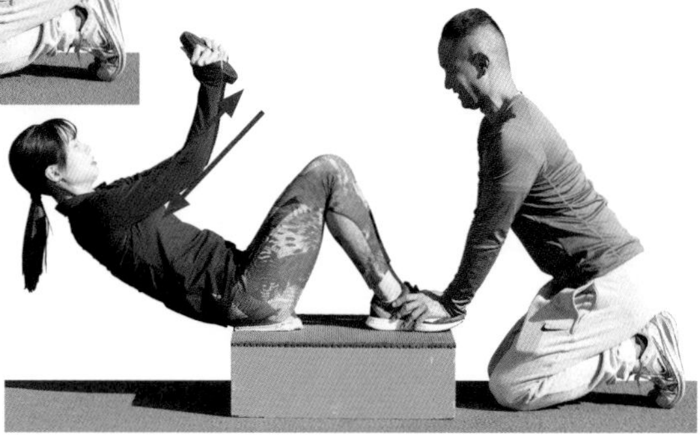

2

上体の姿勢を維持しながら、胸の正面に向かってプレートを素早く押し出し、素早く元に戻す

3

上体を右に向け、胸の正面方向にプレートを素早く押し出し、元に戻す

4

次に左側でも同じことを行う。できるだけ左右差が出ないようにしておこう

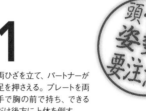

●腹筋プレートローテーション

左右それぞれ
3回×1セット
※プレート負荷：3REPS

体幹の姿勢を維持しながら、プレートを頭の周りに移動させます。腕を大きく動かすぶん、姿勢を維持するのが難しくなります。

1

両ひざを立て、パートナーが足を押さえる。プレートを両手で胸の前で持ち、できるだけ後方に上体を倒す

2

姿勢を変えずに腕だけを動かしてプレートを頭の周りに移動させる

3

体幹の姿勢を維持しながら腕だけを動かす

4

一周したところで、逆まわしで元の位置に戻し、1回とカウントする

●腹筋プレートリフト

5回×3セット
※バーベル負荷：5REPS

体幹の姿勢を維持しながら、上肢でパワー発揮するトレーニングです。パートナーに足を押さえてもらい、体幹をまっすぐに保ったまま後ろに倒し、頭の後ろでプレートを持ちます。体幹の姿勢を保ったまま、プレートを持ち上げ、元の位置に戻します。

1

両ひざを立て、パートナーが足を押さえる。プレートを両手で頭の後ろで持ち、できるだけ後方に上体を倒す

2

体幹の姿勢を維持したままプレートを上方にゆっくり持ち上げる

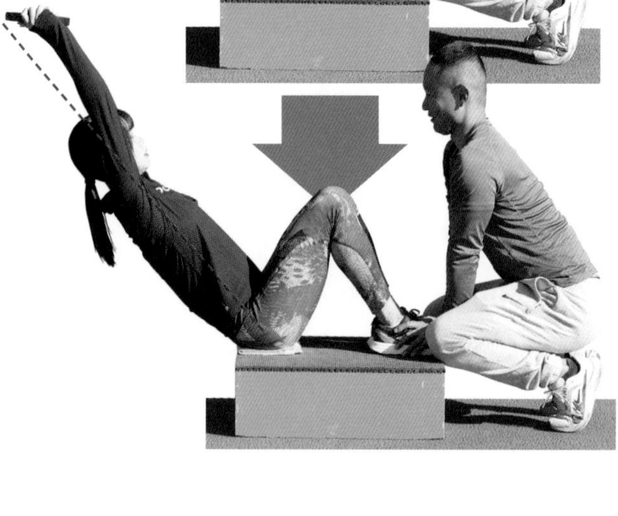

3

体のライン上までプレートを上げたところで、ゆっくり下ろし、元の姿勢に戻して1回とカウントする

●1レッグ　プレートローテーション

左右それぞれ
3回×1セット
※プレート負荷：3REPS

　片脚立ちになり、体幹の姿勢を維持しながら、プレートを頭の周りで移動させます。片脚で体を支えているぶん、支持脚側の中臀筋や遊脚側のわき腹にかかる負荷が大きくなります。遊脚側の骨盤を引き上げた姿勢を維持してできるようにしておきましょう。

右脚立ち

左脚立ち

●アームレッグクロスレイズ

対角にある腕と脚を水平に上げることで、体幹のバランスを保つトレーニングです。姿勢維持のためには腹部と背部の深層筋（腹横筋、多裂筋など）が動員されます。バランスや姿勢の維持に注意しながら行いましょう。

左右それぞれ
3回×1セット

1

四つ這いで体幹をまっすぐに保った姿勢から、左腕と右脚を浮かせて、ひじとひざを近づける

2

ひじとひざをゆっくり伸ばしながら水平に上げる。指先からかかとまで一直線になる姿勢を2～3秒キープしてから元の姿勢に戻る

●アームレッグクロスレイズ（骨盤ティルト）

通常のアームレッグクロスレイズ（128ページ参照）と異なり、背中を丸めたところから、腕と脚を前後に伸ばすときは背中を外らせるように体を使います。腕や脚の動きに合わせて骨盤の前傾と後傾を意識して体を動かすことが大切です。

左右それぞれ
5回×1セット

1

アームレッグクロスレイズと同じ姿勢から、背骨を丸めながらひじとひざを近づける。骨盤の後傾を意識しながら背中を丸める

2

ひじとひざをゆっくり伸ばしながら、手とかかとを水平より高い位置まで上げる。背中を反らせながらできるだけ手足を高い位置まで上げ、姿勢を2～3秒キープしてから元の姿勢に戻る。後傾していた骨盤を前傾させるように体を動かそう

●脚の引き寄せ

左右交互に
5回×1セット

腕立ての姿勢で、脚をつけ根から動かす腸腰筋と腹筋のトレーニングです。股関節の動きを意識しながらひざを引き寄せましょう。

1

背中を丸めた腕立て伏せの姿勢からスタートする。背中を丸めることで腹筋のトレーニングにもなる

2

右足を浮かせ、ひざを曲げながら脚をつけ根から動かして体にひざを引き寄せる

3

ゆっくり元の姿勢に戻る

4

左脚で同じことを行い、左右で1回とカウントする

●ヒップリフトレッグレイズ

左右交互に
5回×1セット

体幹を一直線に保ってお尻を上げた姿勢(ヒップリフト)から、左右の脚を交互に上げる(レッグレイズ)トレーニングです。かかとで自重を支えることで、より臀部やハムストリングにかかる負荷が高まります。

1

両腕とかかとで地面を支え、体幹を一直線に保ったヒップリフトの姿勢からスタート

腰を反らさずに少し後傾させるイメージで行う

2

右脚のひざを曲げたまま、股関節から脚を動かす

3

続けて左脚でも同じことを行う

ADVANCE

ヒールスライド

脚を動かすタイミングで支持脚を動かすことで、臀部やハムストリングにかかる負荷がさらに大きくなります。

1

ヒップリフトの姿勢からスタート

2

脚を上げるタイミングに合わせて、体重を支持しているかかとを下にスライドさせ、脚を戻すときに、元の位置に戻す

●ヒップリフトレッグレイズ（空中で脚の入れ替え）

ヒップリフトで片脚を上げた姿勢から、空中で脚を入れ替えるトレーニングです。着地のときに、引き伸ばされようとする筋肉を収縮させる必要があります（エキセントリック収縮）。最初は台などを使い、慣れてきたら平地でやってみましょう。

左右交互に
5回×1セット

1

ヒップリフトの片脚になった姿勢からスタートする

2

空中で左右の脚を入れ替える

3

着地で腰が落ちないように支持脚と体幹を安定させる

ADVANCE

台なしで行う

平地で行うためには、より素早く脚を入れ替える必要があります。

1

2

3

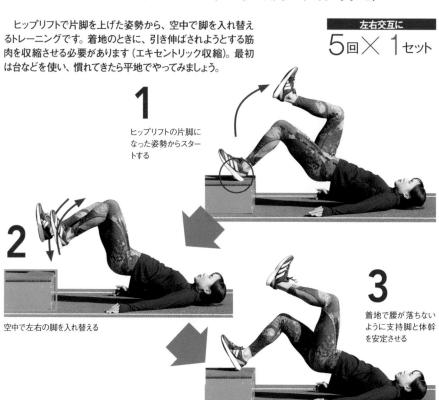

●スプリットスクワット

左右それぞれ
10回×1セット

ランニングに近い姿勢で、片脚にかかる負荷を高めたスクワットです。足の位置を変えずに前足に乗る感覚で行いましょう。

1
上体を前傾させ、脚を前後に広げて、前足9：後ろ足1の荷重で立つ

2
前足に体重を乗せるようにひざを曲げて体を沈み込ませ、元の姿勢に戻る

●スプリットツイストスクワット

左右各
10回×1セット

上体を横に向けて行うスクワットです。後ろ脚側の骨盤を引き上げるように行うことで骨盤ティルトに必要な筋肉が鍛えられます。

動画でCHECK!
URL https://www.youtube.com/shorts/y-L-WZ1sAEw

NG 顔が横を向く

顔が横に向いていると脊柱の動きがなくなり、踏み込みのパワーも小さくなる

1
スプリットスクワット(上記参照）の姿勢で前脚側に上体をひねって立つ

2
上体の姿勢を変えずにゆっくり体を沈み込ませ、元の姿勢に戻る

正面から見た動き

NG 顔が横を向く

顔が横を向いてしまうと脊柱の動きが出なくなってしまう

NG 正面に踏み出せない

脊柱の動きが小さいとまっすぐ前に踏み出せなくなる

NG 後方にのけ反る

足の動きに連動して脊柱が動かないとのけ反ってしまう

3
4
5
骨盤と肩甲骨が対称的に動くことで脊柱が捻られる
足の動きに合わせて前に弾むように進む

●スパイナルムーブ

左右各
10回×1セット

骨盤ティルトを生み出す動物的なしなやかな脊柱の動きをつくるためのトレーニングです。脊柱に連動して肩甲骨や骨盤が動くため、体幹と四肢の協調性を高めることができます。今までは、自然にできている人は「天性の走り」などと言われていたのをトレーニングでつくり出すことを目的としています。

動画でCHECK!
URL https://www.youtube.com/shorts/q019rE5zlv8

1 棒を両手で持ち、頭を前に向け、脚を前後に広げて腰を落とした姿勢からスタートする

2 右ひざを曲げたまま、右わきを締めたまま、左足を前に移動させる

3 肩甲骨と脊柱の動きを連動させ、左足が前に来たところで右足に体重を乗せ、左ひざを上げて止まる

4 止まったところから元の姿勢に戻る。脊柱の捻りと脚のタイミングが合うまでやる

●スパイナルムーブウォーク

スパイナルムーブを左右交互に行いながら前に移動することで、より走りにつなげていくためのトレーニングです。頭を地面に垂直にして、前向きに維持することでより大きな力を発揮することができます。広背筋を締める感覚で体を動かしましょう。

動画でCHECK!
URL https://www.youtube.com/shorts/02TE38JE4PU

左わきをつぶしながら低い姿勢で重心移動する

3
乗り込むときにひざを高い位置まで振り上げ、その勢いで真上にジャンプする
4
跳んだ足で台上に着地する
5
一連の動きで元の姿勢に戻り、連続して次のジャンプを行う

3
4
姿勢を崩さずに元の位置に着地する
5
着地の反動を利用して次のジャンプを行う

●ボックスステップアップジャンプ

左右それぞれ
5回× 1セット

前足に重心を乗せて、真上に力を発揮するトレーニングです。遊脚側の振り上げ動作も大切なので、遊脚側の骨盤の使い方もポイントになります。

1

片脚を台に乗せ、上体を前傾させてランニング姿勢をつくる

2

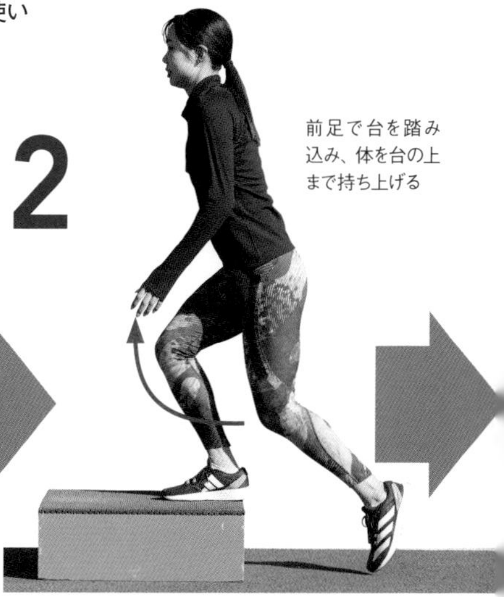

前足で台を踏み込み、体を台の上まで持ち上げる

●リアアップランジジャンプ

左右それぞれ
5回× 1セット

前脚裏側の筋肉のトレーニングです。前足の重心を乗せて地面を下に押す感覚を身につけましょう。

1

脚を前後に広げて、後ろ足を台の上に乗せる

2

両腕を後方から大きく振り上げ、前脚の裏側の筋肉を使って高くジャンプする

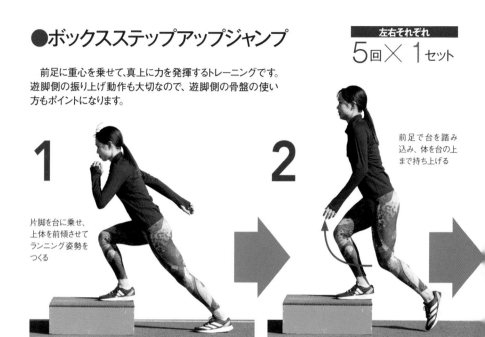

●プッシュアップ

正しい姿勢で
10回×1セット

　わきを締めるための前鋸筋と体幹部の安定を目的としたトレーニングです。腕の曲げ伸ばしをするときに、肩甲骨が上がらないように注意しましょう。体を沈み込ませるときに肩甲骨が内側に動いていることが大切です。姿勢に注意しながら行いましょう。腕が横振りになってしまう人など、姿勢が難しい場合はひざをついてやってみましょう。

頭・背骨 姿勢に要注意!

1

手を肩幅程度に広げて、胸の下につく。肩に力が入らないように注意しよう

2

肩甲骨を内側に引き寄せるように、ひじを曲げて体を沈ませる。ひじが左右に開くと肩に力が入りやすくなるので注意しよう

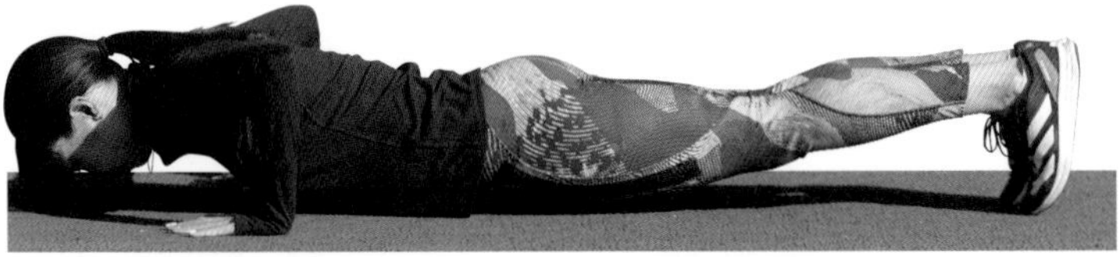

NG 背中が丸まる

背中が丸まることで体幹の力を生かせなくなり、腕や肩の筋肉のトレーニングになってしまう

NG 肩に力が入る

肩に力が入ると肩甲骨が上がり、力みにつながる。体の前面でも前鋸筋でなく大胸筋に依存した動きになる

ADVANCE

わきを締めたプッシュアップ

正しい姿勢で
10回×1セット

わきを締めて肩甲骨が下がった状態で行うプッシュアップです。わきを締めているぶん、前鋸筋にかかる負荷が大きくなります。

1

手をつく位置を胸の前より少し下にしてプッシュアップを行う

2

わきを締めた姿勢になるため、前鋸筋に大きな負荷がかかる

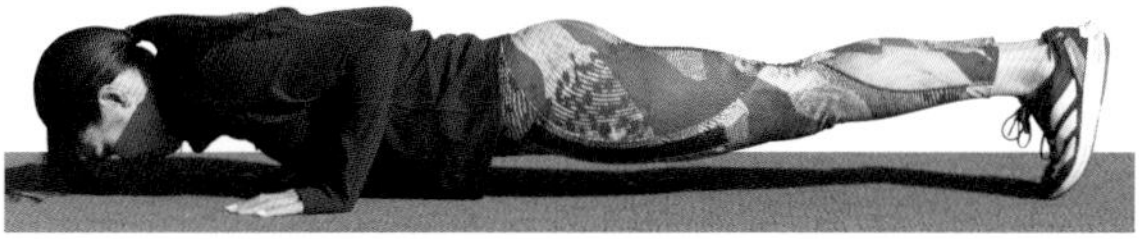

ADVANCE

開脚プッシュアップ

左右各
5回× 1セット

体を沈み込ませるときに、片脚を横に開くため、バランスをとるために体側の筋肉が動員されます。

1

普通のプッシュアップの姿勢で片足を少し浮かせる

2

腕を曲げると同時に浮かせた脚を横に開く

逆の脚でも行う

●シングルレッグ・ローイング

左右各
5回×1セット

体幹の姿勢を維持しながら肩甲骨を引き寄せるトレーニングです。片側で脚を伸ばして姿勢を維持しながら、もう一方で体側の筋肉を用いてプレートを持ち上げます。力んで肩甲骨が上がらないように注意しましょう。プッシュアップが「押す力」であったのに対して、「引く力」を強化するトレーニングです。

1

台の上で四つ這いになったところから片脚を後方に水平に伸ばし、支持脚側の手にプレートを持った姿勢からスタートする

2

姿勢を維持したままゆっくりプレートを上げ、ゆっくり下ろす

3

プレートを上げるときに胸が横に開かないように注意する

●ノルディックハムストリング

ゆっくり限界まで
3回×1セット

パートナーに足を押さえてもらい、ひざから上の姿勢を保って限界まで体を前に倒していきましょう。引き伸ばされようとするハムストリングや大臀筋を収縮させるように力を発揮する（エキセントリック収縮）トレーニングです。

1

ひざから頭までをまっすぐに保ち、ひざ立ちの姿勢でパートナーがつま先立ちになった足を上から押さえる

2

ひざから上の姿勢を維持したままゆっくり体を前に倒していく

3

できるだけ姿勢を保ち、限界まで体を前に倒していく

4

限界まできたところで手をつく

走る前に適度な可動域を確保するためのストレッチ

ランニングに限らず目的に応じて効率よく体を動かすためには、適度な可動域を確保しておくことが大切です。あくまでも、ランニングにおける目的は、地面から得たエネルギーをロスすることなく推進力につなげることです。

よく勘違いされるのが「柔軟性を高めて可動域を広げれば、大きなエネルギーを生み出せる」ということです。可動域が広過ぎるとエネルギーのロスにつながり、可動域が狭すぎると代償動作が起こることでエネルギーの伝達に影響を及ぼします。

ここでは、動作のなかでの可動域を高めることを目的とした「動的ストレッチ」を中心に紹介していきます。静的ストレッチのように姿勢を数十秒キープしてじわじわ筋肉を引き伸ばすのでなく、反動をつけて太いゴムを伸ばすようなイメージでやっていきましょう。静的ストレッチに馴染んでいる人は、運動後に疲労回復のために行うといいでしょう。

●股関節まわりのストレッチ①

1

右脚のひざを90°に曲げて寝かせ、上体を右に向ける

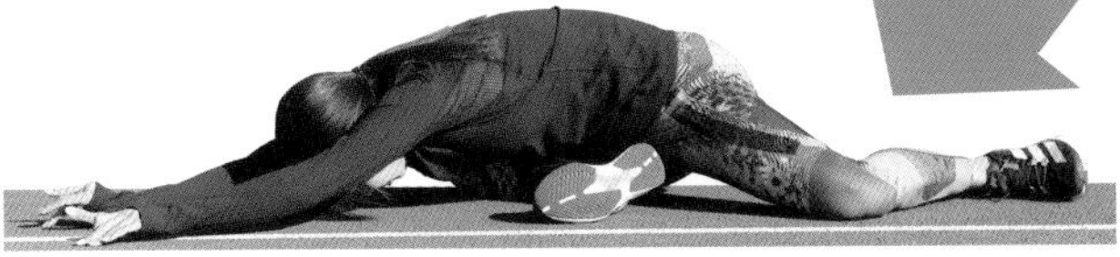

2

右ひざをお腹に近づけるように体を倒す。右の中臀筋、左の腸腰筋などが伸展される

3

体を起こし、その場でお尻を支点に左右反転する

4

左側でも同じことを行う

5

遠くに手を伸ばすイメージで体を前屈させよう

●脊椎の回旋

1

右脚のひざを90°に曲げて寝かせ、上体を右に向ける。両腕を左右に水平に広げて、胸を右ひざに近づける

2

左脚を浮かせ、両腕でバランスをとりながら上体を起こす

3

浮かせた左脚を右脚側に回転させ、上体を回旋させて左に向ける

4

ゆっくり最初の姿勢に戻す。肩のラインと骨盤の向きを意識して大きく回旋させよう

●上体のストレッチ

1

四つ這いの姿勢から右ひじを地面につき、胸の前で指先を自分に向けて手のひらを合わせ、上体の回旋を促す。左の体側部や広背筋が伸展される

2

左腕を上に挙げ、上体をさらに回旋させる。伸ばした左側の胸や肩まわりの筋肉が伸展される。逆サイドでも同じことを行う

●股関節まわりのストレッチ②

1

左のひざを90°に曲げて立て、骨盤を正面に向け脚を前後に大きく広げ右ひざを地面につけ、重心を前に乗せる。右脚つけ根の腸腰筋が伸展される

2

骨盤を正面に向けたまま、左ひざを伸ばしながらお尻を後方に移動させる。左脚の裏側の筋肉が伸展される。逆サイドでも同じことを行う

●股関節と体幹のストレッチ

1

左ひざを立て、股関節まわりのストレッチ②（145ページ参照）と同様の姿勢で股関節まわりをストレッチする

2

左足の横に右手をつき、左腕を上に挙げて上体を回旋させる。逆サイドでも同じことを行う

●体背面のストレッチ

両手と両足を地面につけて、かかとが浮かないところまで手足の距離を広げる。ここでもすでに大臀筋、ハムストリング、腓腹筋などの脚の裏側の筋肉、背中の筋肉などが伸展されている

1

左右のかかとを浮かせるように足踏みを行うことで、反動のついた動的ストレッチになる

2

●内転筋のストレッチ

右脚を伸ばし、左ひざを90°に曲げて地面につけた開脚姿勢。上体は背すじを伸ばし、両手を地面につく

お尻を徐々に地面に近づけていくことで、右脚の内側や股関節まわりの筋肉が伸展される。逆サイドでも同じことを行う

●体側部のストレッチ

1

両脚を左右に広げ、片手でプレートを持って上に伸ばし、まっすぐな姿勢で立つ。筋トレではないので、プレートはある程度の重さを感じられるものを使用

2

プレートを持つ手と逆側に側屈。両腕と肩のラインが垂直になるところまで側屈させる。プレートの重みで下に押される感覚。逆サイドでも同じことを行う

　プレートを使って行う肩まわりのストレッチです。上肢の捻転も入るため、脊柱も回旋されます。筋力トレーニングではないので、重いプレートを使用する必要はありません。手のひらを上に向けたまま腕を内外旋させたいので、手のひらの向きを確認できる程度の重さがあれば十分です。

　窮屈な姿勢の継続になりますが、左右差のないように、両側でできるようにしておくといいでしょう。

3

プレートを落とさないようにさらに内旋させ、ひじの外側までプレートを運ぶ

4

プレートを乗せた手のひらを上に向けたままひじを横に伸ばす

7

プレートを落とさないように、最初と逆の手順を追って背後から元の姿勢まで腕を下ろす

8

重さのあるものを上げることで、手のひらの向きを意識しながら動かせるようになる

●肩まわりのストレッチ

1

脚を左右に広げて腰を落とした「腰割り」の姿勢で片手を地面につけて、もう一方の手でプレートを持つ

2

姿勢を維持したまま、プレートを持った手だけを内側に巻き込むように腕を内旋させる

5

プレートを落とさないように、ひじを伸ばしたまま上体をひねって横から腕を上げる

6

上体をひねって、手首を背屈させたまま外旋させながら腕が垂直になるところまで上げる

おわりに

一般的な「前回しの走り」に関しては「走り方新時代（2023年マイナビ出版社刊）」でも詳しく触れた通りですが、今回はさらにスプリント寄りのランニング技術を修得するためのドリルを紹介しました。

ランニング技術は日々進化しています。世界のトップランナーやその指導者たちに触れるたびに、つねに新しい理論を学ぶことができます。本書では、その一端を紹介しました。本書で紹介したドリルを通じて、読者の皆さまにも最先端の走りを身につけていただければと思います。

かつては、単純に筋肉を大きくしてエンジンの出力を大きくすることが大切だと言われた時代もありましたが、最近は背骨や骨盤をうまく使いながら大きいエンジンをさらに効率よく使うアプローチが主流になってきています。

我々は筋肉を大きくすることも学びながら、より細かい体の使い方をしていくことで足の速い選手を生み出すことができると考えています。いずれは、ランニング界でも大谷翔平選手のような世界一と呼ばれる日本人選手を生み出せると信じています。今後も、選手指導を通じて得た知識や技術をできる限り発信していきたいと考えております。

五味宏生

著者プロフィール

Author

五味 宏生

（ごみ・こうき）

1983年9月24日埼玉県出身。日本陸上競技連盟医事委員会トレーナー部委員。日本スポーツ協会公認アスレティックトレーナー。早稲田大学スポーツ医科学学術院（スポーツ科学修士）在籍と並行し日本理療専門学校にて鍼灸按摩、マッサージ指圧師を取得。卒業後より帝京大学スポーツ医科学センターにてアスリートをサポート。日本陸上競技連盟医事委員会トレーナー部委員も務め、現在はフリーでおもに陸上競技のトレーナーとしてケア、リハビリテーションからトレーニングまで幅広い領域で活躍。ケンブリッジ飛鳥や北村夢などのトップランナーのトレーナーも務める

モデル *Models*

ケンブリッジ 飛鳥
（けんぶりっじ・あすか）

1993年5月31日ジャマイカ出身。ナイキ所属。東京高等学校→日本大学卒業。日本の陸上競技選手。100m10秒03、200m20秒62の自己ベストを持つ。2016年リオデジャネイロオリンピック4×100mリレー銀メダリスト

北村 夢
（きたむら・ゆめ）

1995年12月23日東京都出身。エディオン女子陸上競技部所属 。東京高等学校→日本体育大学卒業。2017日本インカレの800m走で2分00秒92の日本学生記録を持つ

制作スタッフ *Staff*

編　　　集：権藤海裕（Les Ateliers）
本文デザイン：LA Associates
イ ラ ス ト：村上サトル　庄司猛
撮　　　影：河野大輔　織田真里
カバーデザイン：野口佳大

スプリントの鬼

短距離走が速くなるフォームとトレーニング

2024 年 5 月 31 日　初版第 1 刷発行
2024 年 8 月 14 日　初版第 2 刷発行

著　者……五味宏生
発行者……角竹輝紀
発行所……株式会社マイナビ出版
〒101-0003　東京都千代田区一ツ橋 2-6-3 一ツ橋ビル 2F
電話 0480-38-6872（注文専用ダイヤル）
03-3556-2731（販売部）
03-3556-2735（編集部）
URL　https://book.mynavi.jp/

印刷・製本……………中央精版印刷株式会社

ISBN978-4-8399-8414-4